Das Jahr im Schrebergarten

Das Jahr im Schrebergarten

KOSMOS

Die Autoren

Dr. sc. agr. Achim Friedrich Der Diplom-Agraringenieur hat nach Gärtnerlehre und Studium in Lehre und Forschung gearbeitet, promoviert und habilitiert auf den Gebieten Gemüse- und Obstbau. Seit 1984 ist er Kleingärtner. Er war von 1990 bis 2008 Vorsitzender des Landesverbandes Brandenburg der Gartenfreunde und ist seit September 2007 Präsident des Bundesverbandes Deutscher Gartenfreunde (BDG).

Karl-Heinz Schmidt Der Diplom-Gartenbauingenieur und Dozent für Zierpflanzenbau i. R. ist in die Fachberaterausbildung beim Landesverband Brandenburg der Gartenfreunde e.V. in Potsdam integriert. Seine Liebe gehört seit fast 40 Jahren der Tätigkeit im Kleingarten. Mit besonderem Interesse widmet er sich der dekorativen Gestaltung des Kleingartens mit Stauden, Nadelgehölzen und exotischen Kübelpflanzen.

Dr. Ilona Schonhof Die ehemalige Wissenschaftlerin im Leibniz-Institut für Gemüse- und Zierpflanzenbau Großbeeren/Erfurt e.V. ist als Ausbilderin der Gartenfachberater im Landesverband Brandenburg der Gartenfreunde e.V. und als Vorsitzende des Kleingartenvereins „Werderscher Weg" Potsdam West tätig. In ihrem eigenen Kleingarten pflegt sie seit über 40 Jahren viele verschiedene Kräuter und seltene Gemüsearten.

Andreas Vietmeier Der Diplom-Gartenbauingenieur ist als Pflanzenschutzberater beim Pflanzenschutzdienst der Landwirtschaftskammer Nordrhein-Westfalen in Münster tätig. Für den BDG schreibt er regelmäßig Beiträge zum Pflanzenschutz in Haus- und Kleingarten. Außerdem wirkt er beim Landesverband Westfalen und Lippe der Kleingärtner e.V. in der Gartenfachberaterausbildung mit.

Inhalt

Januar
Der Kleingarten im Januar 8
Gemüse & Kräuter 10
Obstgarten 11
Ziergarten 11
Vereinsleben 11

Februar
Der Kleingarten im Februar 14
Gemüse & Kräuter 16
Obstgarten 17
Ziergarten 18
Vereinsleben 19

März
Der Kleingarten im März 22
Gemüse & Kräuter 24
Obstgarten 26
Ziergarten 28
Vereinsleben 31

April
Der Kleingarten im April 34
Gemüse & Kräuter 36
Obstgarten 39
Ziergarten 40
Vereinsleben 43

Mai
Der Kleingarten im Mai 46
Gemüse & Kräuter 47
Obstgarten 50
Ziergarten 52
Vereinsleben 55

Juni
Der Kleingarten im Juni 58
Gemüse & Kräuter 60
Obstgarten 63
Ziergarten 66
Vereinsleben 69

Juli
Der Kleingarten im Juli 72
Gemüse & Kräuter 72
Obstgarten 75
Ziergarten 79
Vereinsleben 81

August
Der Kleingarten im August 84
Gemüse & Kräuter 84
Obstgarten 87
Ziergarten 90
Vereinsleben 93

September
Der Kleingarten im September 96
Gemüse & Kräuter 96
Obstgarten 99
Ziergarten 101
Vereinsleben 103

Oktober
Der Kleingarten im Oktober 106
Gemüse & Kräuter 107
Obstgarten 108
Ziergarten 109
Vereinsleben 111

November
Der Kleingarten im November 114
Gemüse & Kräuter 115
Obstgarten 116
Ziergarten 116
Vereinsleben 117

Dezember
Der Kleingarten im Dezember 120
Gemüse & Kräuter 120
Obstgarten 121
Ziergarten 121
Vereinsleben 121

Service 122

Die zeitliche Zuordnung der Gartenarbeiten zu den einzelnen Monaten geht von phänologischen Abläufen aus, die über die Jahre und die verschiedenen Regionen Deutschlands hinweg einem Durchschnitt entsprechen. Abweichungen sind möglich.

Januar

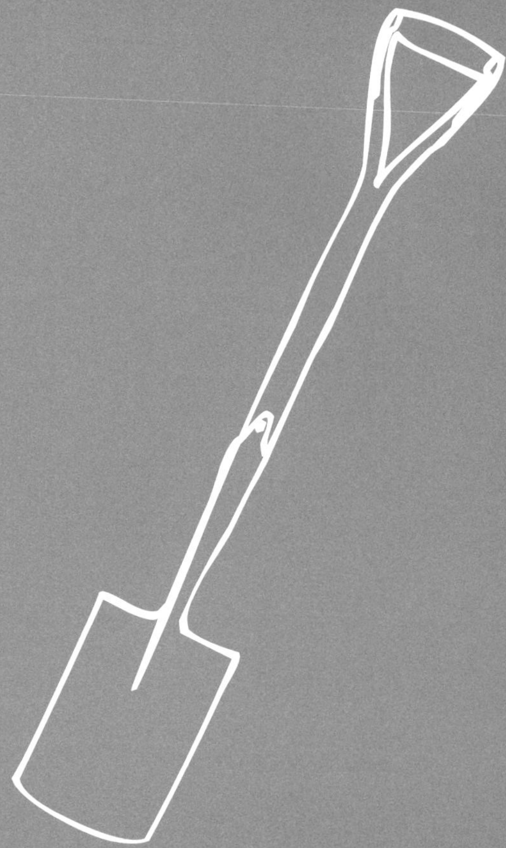

Das Schönste am Januar ist, sich mit den neuen Gartenkatalogen und einer heißen Tasse Kräutertee gemütlich aufs Sofa zu setzen und Pläne für die **neue Gartensaison** zu schmieden. Die Auswahl an Samen und Pflanzen ist riesig und es gibt viele **neue Sorten**, die es lohnt auszuprobieren. Aber schauen Sie auch mal im Garten vorbei. Die Stellen, an denen das **Eis** besonders schnell wieder schmilzt, sind am besten geeignet, um dort frühe Stauden und Zwiebelblumen zu pflanzen.

Der Kleingarten im Januar

Trotz Kälte oder Schnee lohnen regelmäßige Gartenbesuche. Viele unserer Vögel, die im Frühjahr und Sommer fleißig unerwünschte Insekten vertilgen, brauchen bei einer Schneedecke oder nächtlichen Temperaturen unter –5 °C Hilfe. Futterhäuschen oder ein Futtersilo werden zu einer der wenigen Nahrungsquellen. Entscheidend ist, dass geeignetes Futter verwendet wird (getrocknete Beeren, Sonnenblumenkerne, ungesalzene Nüsse, Haferflocken, Meisenknödel,

↓ Beim Aufstellen eines Futterhäuschens ist ein vor Katzen geschützter Platz zu wählen. Die Futterstelle sollte regelmäßig gereinigt werden, um das Ausbreiten von Krankheiten zu verhindern.

Freilandfuttermischungen) und es nicht durch Regen oder schmelzenden Schnee nass werden kann. Wer Spaß am Beobachten von Vögeln gefunden hat, ist mit einem Nistkasten für den Garten gut beraten. Sie können ihn fertig aus besonders geeignetem Holzbeton kaufen oder aber im Winter selbst nach einer Bauanleitung aus Holz bauen. Dabei sind Grundsätze wie die Einfluglochgröße, der Abstand vom Boden zum Einflugloch und die Grundfläche des Innenraums zu beachten.

Kompost – eine ideale Nährstoffquelle

Kompost ersetzt die verbrauchte organische Substanz und die dadurch fehlenden Nährstoffe im Gartenboden. Man unterscheidet Reife- und Frischkompost. Wenn man den im Laufe eines Jahres angelegten Komposthaufen im Winter noch einmal umsetzt und ihn dabei gründlich mischt, entsteht nach weiteren vier bis sechs Monaten Reifekompost. Nur grob zersetzter Kompost kann aber auch als Frischkompost im Spätwinter bzw. Frühjahr auf leichten Böden als Mulchkompost flach in den Boden eingearbeitet werden (2–3 l/m^2 Gemüse- oder Zierpflanzenfläche).

Plant man, eigenen Kompost herzustellen, sollte ein halbschattiger, windgeschützter Platz ausgewählt werden, damit der Kompost nicht so schnell austrocknet. Man kann eine Kompostmiete anlegen oder fertige Rotteboxen kaufen. Entscheidend ist, den Komposthaufen über das Jahr aus vielen verschiedenen Stoffen zu mischen. Dazu gehören luftige, strukturreiche, zum Teil nährstoffarme Materialien (zerkleinerte Äste, angefeuchtetes Stroh, Rinde) und dicht lagernde, nährstoffreiche Materialien (angewelkter Rasenschnitt, zerkleinertes Laub, Mist, Küchenabfälle, grüne Pflanzenteile). Hat man ca. 1 bis 2 m^3 Rohstoffe gesammelt, wird der Komposthaufen angelegt bzw. eine Rottebox damit gefüllt. Das Material wird gut gemischt. Pflanzen, die Krankheitsanzeichen aufweisen, sollten nicht kompostiert werden. Schadpilze, die häufig Auslöser dieser Erkrankungen sind, bilden widerstandsfähige Dauersporen, die über mehrere Jahre im Kompost und Boden überlebensfähig bleiben (z. B. Kohlhernie, Himbeerrutenkrankheit, Asternwelke, Wurzelfäule bei Erdbeeren). Die Temperatur im Komposthaufen reicht oft nicht zur Zerstörung dieser pilzlichen Sporen aus.

Auch tierische Abfälle gehören nicht auf einen offenen Komposthaufen. Grobe Bestandteile sollten stark zerkleinert werden, um den Mikroorganismen eine große Angriffsfläche zu bieten. Gibt man noch ein paar Schaufeln Kompost oder Erde und besonders für leichte Böden Ton, Betonit oder Gesteinsmehl dazu, sind gute Bedingungen für die Umsetzung vorhanden.

↓ Hat man sich für den Kauf eines geschlossenen Schnellkomposters entschieden, muss besonders auf das gute Mischen der verschiedenen Gartenabfälle geachtet werden, da das Material sonst fault.

↑ Ist das Wetter im Januar mild, kann der Komposthaufen umgesetzt werden. Das neu gemischte, grob zersetzte Material wird so von den Mikroorganismen besser in Reifekompost umgewandelt.

↓ Reifekompost verbessert als feines, erdiges Humusmaterial (Dauerhumus) den Humusgehalt des Bodens. Er kann auch für die Jungpflanzenanzucht und zum Bepflanzen von Kübeln genutzt werden.

Gemüse & Kräuter

Die Gemüsebeete bieten im Januar noch Grünkohl, Rosenkohl, Porree, bei offenem Boden oder auf abgedeckten Beeten Schwarzwurzeln und Möhren. Jetzt ist Zeit, das noch vorhandene Saatgut zu sortieren, Kataloge zu studieren und Saatgut zu bestellen.

F1-Saatgut, ist das was für den Garten?

Die meisten neuen Sorten sind durch Hybridzüchtung (F1) entstanden und oft auf Toleranzen oder Resistenzen gegenüber Krankheiten gezüchtet. Es lohnt sich, beim Saatgutkauf darauf zu achten, denn sie können bestimmten Krankheiten unter normalen Anbaubedingungen besser widerstehen. So haben Viren, Pilze, Blattläuse und Möhrenfliege weniger Chancen, uns die Ernte streitig zu machen. Häufig sind diese Samen als pillierte Samen mit einer Hüllmasse umgeben. Sie fördert die Keimung, aber nur, wenn der Boden bis zum Auflaufen der Pflanzen ständig feucht gehalten wird. Von den Hybridsorten (F1) sollte grundsätzlich kein eigenes Saatgut genommen werden, die guten Sorteneigenschaften sind in der nächsten Generation nicht mehr vorhanden. Einige Saatgutfirmen bieten alte Landsorten an, deren Einzelpflanzen variieren, die aber oft widerstandsfähig gegenüber Krankheiten und Schädlingen sind und sehr gut schmecken. Da sie reinerbig sind, kann man immer wieder Saatgut nehmen und die Pflanzen selbst weitervermehren. Alte Gemüsearten und Kräuter wie Eiskraut oder Pimpinelle sind ebenso einen Versuch wert wie Arten aus aller Welt (z. B. Physalis, Fruchtsalbei).

↑ *Der weiße Anstrich von Stamm und starken Ästen mit einem Rindenpflegepräparat oder mit selbst hergestellter Kalkmilch (2 kg Branntkalk/10 l Wasser) verhindert Frostrisse bei starker Wintersonne.*

↓ *Um die Arbeit im Garten zu erleichtern, werden pillierte Samen in Saatbänder oder Saatscheiben eingearbeitet. Jede Pflanze hat dann den notwendigen Abstand, ein Verziehen bzw. Vereinzeln erübrigt sich.*

Obstgarten

Vor dem Weißen der Bäume ist das Abkratzen der Borkenschuppen (auffangen und entsorgen!) mit Baumkratzer oder Drahtbürste zu empfehlen – hilft gegen Überwinterungsschädlinge.
Anfang Januar können Reiser für eine spätere Veredlung geschnitten werden (kühl lagern!). An frostfreien Tagen kann der Winterschnitt erfolgen.
Nicht vergessen: Lagerobst kontrollieren, Stabilität von Baumpfählen und -spalieren sowie Gehölze auf Wild- und Wühlmausschäden überprüfen.

Ziergarten

Bei frostfreiem Wetter werden Hartriegel *(Cornus mas)*, Flieder *(Syringa)*, Hibiskus *(Hibiscus)*, Kirschlorbeer *(Prunus laurocerasus)*, Schneeball *(Viburnum)* und gleichartig wachsende Gehölze geschnitten (s. Zeichnung rechts).
Belüften Sie Winterquartiere an frostfreien Tagen und gießen Sie Immergrüne ab und zu. Ihre Wurzelballen dürfen nicht völlig austrocknen.
Kontrollieren Sie auch draußen aufgestellte Frostschutz-Materialien.

Vereinsleben

Alle KleingärtnerInnen sind in Vereinen organisiert – jeder kann sich engagieren und mitentscheiden. Jetzt im Winter ruht das Vereinsleben ebenso wie die Arbeit im Garten, aber bald geht es los mit den ersten Veranstaltungen ...

↑ *Ein Korrektur- und Auslichtungsschnitt im Winter fördert das Wachstum und den Wuchscharakter bei Ziergehölzarten, die ihre Blüten im Frühjahr und Frühsommer bilden.*

Kübelpflanzen im Winterquartier

Kontrollieren Sie Ihre Kübelpflanzen regelmäßig auf Schädlingsbefall. Oleander, Lorbeer, Zitruspflanzen und Palmen leiden oft unter Schildläusen (Bild). Fuchsie, Schönmalve und Wandelröschen hingegen sind anfällig für Weiße Fliege. Gelegentlich treten auch Blattläuse und Spinnmilben auf. Versuchen Sie zunächst, die Schädlinge mechanisch zu beseitigen, z. B. durch das Abspritzen mit einem kräftigen Wasserstrahl. Notfalls hilft auch ein Rückschnitt der kranken Triebe.

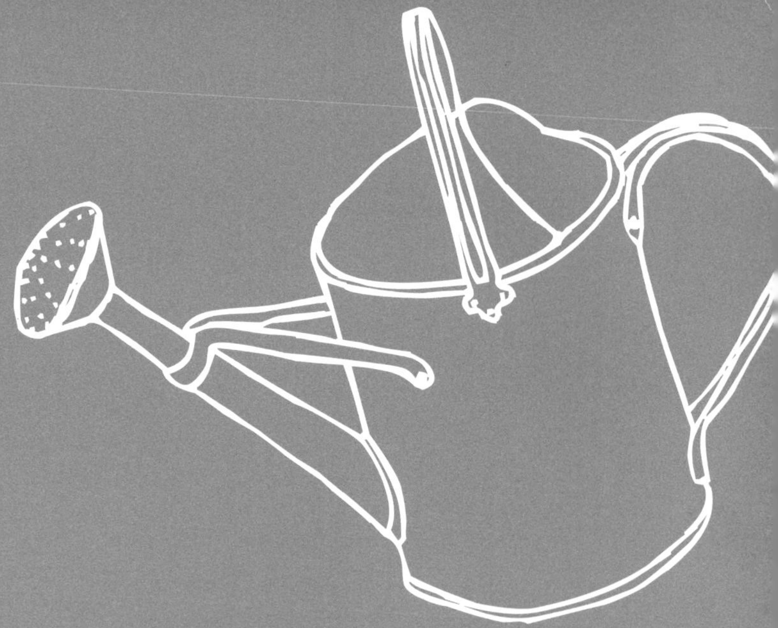

Februar

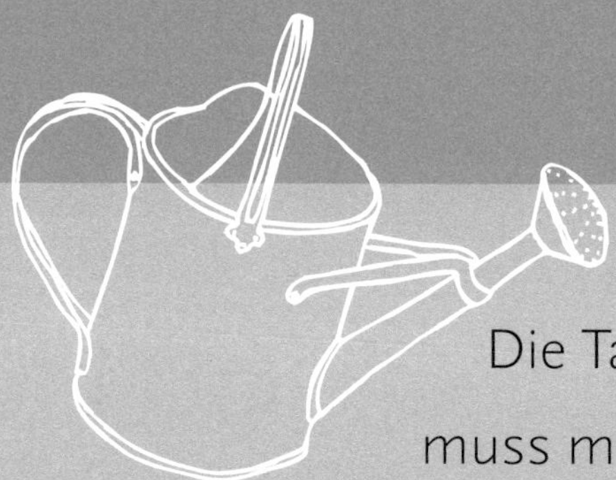

Die Tage werden langsam wieder länger, und immer häufiger muss man unweigerlich an den Frühling denken, der vor der Tür steht. Im Garten gibt es bereits Anzeichen dafür, dass auch die **Natur wieder erwacht** ist – viele **Knospen** schwellen an und schon bald zaubern die zarten weißen und gelben Blüten von **Schneeglöckchen** und **Winterling** die ersten Farbtupfer in den Schnee – eine Einladung zum Spaziergang durch die Kleingartenanlage!

Der Kleingarten im Februar

Im Februar, bevor man mit den ersten Aussaaten beginnt, ist es höchste Zeit, einen Anbauplan für das Jahr aufzustellen. Schwerpunkte für die Planung sind: ein möglichst ganzjähriger Bewuchs des Bodens mit Pflanzen, die Einhaltung von Anbaupausen im Rahmen der Fruchtfolge bei Gemüse, Zierpflanzen und Obst, die Nährstoffbedürftigkeit der unterschiedlichen Arten.

So plant man eine Fruchtfolge

Die Fruchtfolge, also die Reihenfolge, mit der die Pflanzenfamilien während des Jahres und im Laufe der Jahre auf der Gartenfläche angebaut werden, ist die wichtigste Methode zur Gesunderhaltung von Boden und Pflanzen. Sie ist eine biologische Pflanzenschutzmaßnahme, um reiche Ernten in guter Qualität zu erzielen. Verletzt man die Prinzipien der Fruchtfolge, verbreiten sich Krankheiten und Schädlinge stärker und die Bodenmüdigkeit nimmt zu. Die Folgekultur wird beim Keimen und Wachsen behindert. Deshalb dürfen gleiche Arten oder Arten derselben Familie auf dem gleichen Beet erst wieder nach drei bis sechs Jahren angebaut werden. Am günstigsten ist eine fünfjährige Rotation. Teilen Sie am besten die vorhandene Anbaufläche in Beete ein und notieren Sie sich in einem Gartentagebuch, wann welche Art auf welchem Platz gestanden hat. Die Anbaupausen treffen natürlich auch auf Erdbeeren, Obstbäume, und Zierpflanzen einer Art bzw. Familie zu. Auch der unterschiedliche Bedarf der Arten an Nährstoffen muss bei der Planung berücksichtigt werden. Versorgt man einen Teil der Beete mit Kompost, werden auf dieser Fläche zuerst Starkzehrer (Arten mit hohem Nährstoffbedürfnis), dann Mittelzehrer und vor der nächsten organischen Düngung Schwachzehrer aus jeweils anderen Familien angebaut (s. S. 122).

Mischanbau – wie geht das?

In der Natur bilden Pflanzen aus unterschiedlichen Familien oft eine Pflanzengemeinschaft, in der sie sich gegenseitig fördern und die besonders gut an die Lebensbedingungen angepasst ist. Durch Mischanbau auf den Beeten kann man diesen Effekt nutzen. Dazu gibt es Mischkulturtabellen (s. S. 122).
Aber auch gutes Beobachten ist wichtig: Wie sind die Ansprüche der einzelnen Arten, wie sind ihre Wuchseigenschaften und wie vertragen sie sich miteinander – denn es gibt auch einige schlechte Nachbarn. So hemmt Kohl das Wachstum von Zwiebeln und Kartoffeln. Salat verträgt sich nicht mit Petersilie und Sellerie. Tomaten mögen nicht mit Erbsen oder Kartoffeln zusammen wachsen, Buschbohnen nicht mit Zwiebeln und Porree, Gurken nicht mit Radies und Tomaten. Die meisten Kräuter, Blumen und Gemüse vertragen sich aber miteinander, wenn sie aus unterschiedlichen Familien stammen.

Jetzt Gründüngung einarbeiten!

Ist Ende Februar der Boden offen, kann die abgefrorene Gründüngung eingearbeitet werden. Sie konserviert die Pflanzennährstoffe für die neue Anbauperiode, gleichzeitig wird die Umwelt geschont. Es ist nicht gut, die Gründüngung im Herbst einzugraben, da bei milder Witterung (>5 °C) Bodenbakterien die Grünmasse sofort umsetzen. Dabei wird der Pflanzenstickstoff zum Teil frei und durch die Winterniederschläge in den Unterboden ausgewaschen.

↑ *Einige Zierpflanzen wie Studentenblumen oder Ringelblumen fördern als schädlingsabwehrende Pflanzen das Pflanzenwachstum im Mischanbau und sind auch optisch schön anzusehen.*

↓ *Sind Baumscheiben mit Kapuzinerkresse begrünt, schützt diese die Obstbäume vor Befall mit Blattläusen und gleichzeitig ist die Kresse eine gute Gründüngung im Rahmen der Fruchtfolge.*

Keimprobe – sicher ist sicher

Will man altes Saatgut aussäen, ist eine Keimprobe ratsam. Dazu werden etwa zehn Samen auf feuchtes Filterpapier ausgelegt, mit Folie oder Glas abgedeckt, bei einer Temperatur von mindestens 20 °C aufgestellt und feucht gehalten. Nach fünf bis zehn Tagen keimen die meisten Gemüsearten, Möhren brauchen mit 20 Tagen am längsten.

Dann werden die gekeimten Samen ausgezählt. Ist mindestens die Hälfte gekeimt, kann das Saatgut noch verwendet werden. Ansonsten kauft man besser neues Saatgut.

Gemüse & Kräuter

Gibt es im Februar über einen längeren Zeitraum mildes Wetter, kann der Winterschutz vom Überwinterungsgemüse entfernt werden.
Ende des Monats ist es Zeit, frühe und mittelfrühe Saatkartoffelsorten zu kaufen und mit dem Vorkeimen zu beginnen. Zur Auswahl stehen alte Sorten, bewährte neuere Sorten und interessante Neuzüchtungen unterschiedlicher Kochtypen. Optimal vorgekeimte Kartoffeln bekommt man, wenn die Kartoffeln in Kisten mit Aussaaterde gelegt und hell gestellt werden.

Aussaat von Frühgemüse – Start in die Saison

Viele nicht heimische Gemüsearten wie Kapstachelbeere oder Paprika haben eine lange Entwicklungszeit bis zur Ernte. Das zeitige Frühjahr bietet bei uns nicht die zur Keimung und zum Wachstum benötigten Temperaturen. Deshalb werden sie als Jungpflanzen vorgezogen und ausgepflanzt. Die Aussaat erfolgt am besten in gereinigte Aussaatschalen, die mit feuchter, unkrautfreier, nährstoff- und salzarmer Aussaaterde gefüllt werden. Samen, die Licht zum Keimen brauchen (z. B. Basilikum) werden nur angedrückt, Dunkelkeimer muss man dünn mit Erde oder feinem Sand übersieben. Anschließend werden die Schalen, um die Feuchtigkeit zu halten, mit Folie oder Glas abgedeckt und warm aufgestellt (20–22 °C). Entscheidend für den Erfolg ist neben der Wärme das Licht. Am Fenster reicht es im Februar noch nicht aus. Sind weder Zusatzlicht noch heizbares Kleingewächshaus vorhanden, ist es besser, die Jungpflanzen zu kaufen.

↑ *Werden Saatkartoffeln hell gestellt, bilden sich Wurzeln und kurze gedrungene Sprosse aus. Inzwischen gibt es wieder ein breites Angebot alter Kartoffelsorten, die sehr gut schmecken.*

↓ *Frühestens Ende Februar sollte mit der Aussaat von Frühgemüse wie Blumenkohl und Kohlrabi begonnen werden. Wichtig ist, nicht zu dicht zu säen, damit jede Pflanze Platz zum Wachsen hat.*

↑ *Vor dem Schnitt: Ein kräftig wachsender Viertelstamm mit guter pyramidaler Form, aber zu dichtem und zu steil wachsendem Neuwuchs. Zum Auslichten ist es höchste Zeit.*

↑ *Das Schnittergebnis kann sich sehen lasen. Eine lichte, klar gegliederte Krone mit frei gestellten Leitästen. Horizontal wachsende Triebe wurden geschont, der Schnitt erfolgte auf Auslage am Ende der Leitäste.*

Obstgarten

Jetzt schneiden und veredeln!

Bringen Sie die Schnittarbeiten bei Stein- und Beerenobst bis zum Monatsende zu Ende. Bei Reben liegt der richtige Schnittzeitpunkt vor Beginn des Knospenschwellens: Geschnitten wird der Vorjahrestrieb auf zwei Augen. Die Schnittebene sollte ca. 2 cm über der Knospe liegen. Auf mehrjährigem Holz stehende Triebe werden glatt am alten Holz abgeschnitten.
Mehrere, möglichst resistente Sorten auf einen Baum veredelt, erweitern Geschmacksrichtungen und verlängern den Erntezeitraum. Eine Reisveredlung kann erfolgen, sobald sich die Rinde löst; die Gehölze müssen bereits im Saft stehen. Die im Januar gewonnenen Reiser dürfen noch nicht angetrieben sein.

Johannisbeeren: vorbeugen und schützen

Von der Johannisbeergallmilbe befallene aufgeblasene Knospen – besonders bei Schwarzer Johannisbeere – sind auszubrechen und zu entsorgen.

Erdbeeren gegen Spätfrost schützen

Bei den Erdbeeren bewirkt eine Strohauflage eine Wachstums- und Blühzeitverzögerung von bis zu drei Wochen. Somit blühen die Pflanzen erst nach dem Auftreten von Spätfrösten (Eisheilige). Es muss aber noch ausreichend Licht an die Pflanzen gelangen, sonst vergilben die Blätter.

Nicht vergessen!

Fruchtmumien entsorgen, Gartengeräte überprüfen und Leimringe abnehmen. Von Echtem Mehltau befallene Triebspitzen bei Apfel und Stachelbeeren abschneiden und entsorgen

Ziergarten

Dahlien- und Gladiolenknollen

Wenn in den Lagerräumen eine zu hohe Luftfeuchtigkeit herrscht, kann das zu Schimmelbildung bei Dahlienknollen führen. Bei Gladiolen ist zu kontrollieren, dass sich keine Lagerfäule entwickelt und ausbreitet. An frostfreien Tagen ausgiebig lüften!

Wasserversorgung der Immergrünen

Bei frostfreier Witterung sind immergrüne Gehölze ausreichend mit Wasser zu versorgen, sofern man über eine eigene Wasserversorgung verfügt.

Neu gepflanzte Stauden überprüfen

Bei frostfreiem Boden sollte man prüfen, ob im Herbst gepflanzten Stauden durch den Frost angehoben wurden. Der Grad der Lockerung entscheidet, ob die Stauden nur fest angedrückt oder neu eingepflanzt werden.

Heckenrückschnitt

Wer von seinen immergrünen Liguster-, Hainbuchen- und Weißdornhecken einen kräftigen Austrieb erwartet, sollte sie bis Ende des Monats schneiden. Blütenhecken werden erst nach der Blüte geschnitten.

Nicht vergessen!

Balkon- und Kübelpflanzen im Überwinterungsquartier überprüfen. Je nach Wetterlage kann Ende des Monats der Winterschutz im Garten entfernt werden.

↓ *Regelmäßig Knollen von Dahlien, Gladiolen und Co. (in Torf eingeschlagen) auf Fäulnis kontrollieren und Faulstellen sofort mit einem Messer herausschneiden.*

↓ *Die Lenzrose, auch Christrose genannt* (Helleborus orientalis)*, zeigt jetzt zu Beginn des Jahres ihre herrlichen Blütensterne, auch wenn ringsherum im Garten noch tiefer Schnee liegt.*

Vereinsleben

So langsam kehren die Gartenliebhaber und ihre Familien zurück in die Kleingartenanlage. Zum Verein gehören neben den einzelnen Gartenparzellen auch gemeinschaftliche Einrichtungen, die für alle da sind, von jedem genutzt werden können und daher auch gemeinsam in Schuss gehalten werden, beispielsweise das Vereinshaus, Wege und Zäune, aber auch die Wasserleitungen und die Gemeinschaftsflächen.

Karneval & Co.

Das Vereinsleben wird aber nicht nur durch gemeinsame Arbeit in der Anlage, sondern auch durch Feste und Veranstaltungen bestimmt. Eines der ersten Feste ist der Fasching. Je wärmer es wird, umso näher rücken Sommer- und Kinderfeste, nicht zu vergessen Grill- und Skatabende. Später stehen noch Erntedankfest, Weihnachts- und Silvesterfeier auf dem Programm. Die für jeden Verein unterschiedlichen Aktivitäten beschließt die Mitgliederversammlung. Dem Einfaltsreichtum sind keine Grenzen gesetzt. Der Vereinsvorstand plant und organisiert die Veranstaltungen, wobei er auf die aktive Unterstützung aller Vereinsmitglieder angewiesen ist. Auf den Festen lernt man sich kennen; meist entsteht rasch eine freundschaftlich-familiäre Atmosphäre zwischen den einzelnen Pächtern und Nachbarn, egal welchen Alters und welcher Herkunft. Denn: Es ist nicht Anliegen des Kleingartenwesens, dass sich jeder hinter eine hohen Hecke zurückzieht. Vielmehr soll ein angenehmes soziales Umfeld geschaffen werden, das es ermöglicht, der Anonymität der Großstadt zu entfliehen.

↑ *„Horch, von fern ein feiner Harfenton, Frühling, ja du bist's, dich hab ich vernommen." Das zarte Schneeglöckchen* (Galanthus nivalis) *gehört zu den Pionieren der Frühlingsboten.*

↓ *Auch wenn der Weidentipi noch unbelaubt ist, dem Indianer trübt das keinesfalls die Faschingsstimmung. Er ruft nach langem Winterlager seine Stammesbrüder zu Beratung und Feier.*

März

Jetzt geht es endlich los im Garten! Der **Frühling** lässt sich nicht mehr aufhalten, auch wenn sich hier und da noch ein paar Schneereste wehren. Die Temperaturen steigen und auch der Boden erwärmt sich langsam. **Märzenbecher**, Blausternchen und Krokusse strecken ihre Köpfe aus der Erde. Kornelkirsche, Stern-Magnolie und Seidelbast zeigen mit ihren Blüten, dass der Winter vorbei ist. Aber auch die ersten Unkräuter sprießen – die **Arbeit** wartet!

Der Kleingarten im März

Auch wenn im März die Sonne den Boden schon erwärmt und zum Säen und Pflanzen verlockt, einige Arbeiten müssen unbedingt vorher erledigt werden. Haben Sie im Spätherbst keine turnusmäßige Bodenuntersuchung durchgeführt, gibt es bei nicht mehr gefrorenem Boden eine letzte Möglichkeit.
Die Ergebnisse der Bodenanalysen geben Hinweise, wie man den Boden verbessern und die Pflanzen optimal mit Nährstoffen versorgen kann. Dazu werden Bodenproben genommen, die entweder selbst analysiert oder an ein Analyselabor (s. Adressen S. 124/125) eingeschickt werden.

Bodenproben nehmen – so geht man vor

Zuerst wird der Garten in Flächen mit ähnlich bedürftigen Kulturen unterteilt, z. B. Gemüse und Obst, Rasen, Stauden, Heidelbeeren. Auf jeder dieser Flächen werden gleichmäßig verteilt zehn bis 15 Einzelproben genommen und jeweils gut gemischt. Die Gesamtprobe sollte jeweils 250 g wiegen und keine Steine oder groben organischen Bestandteile enthalten. Entweder werden die Proben sofort selbst untersucht oder bis zum Versand ins Labor kühl gelagert. Bei Wärme setzen die Mikroorganismen die Nährstoffe um, was die Ergebnisse verfälschen würde. Im Analyselabor werden Bodenart, Menge der organischen Substanz

↓ Für jede Einzelprobe sticht man mit einem Spaten 30 cm tief in den Boden und zieht einen Löffel senkrecht leicht über die Fläche auf dem Spaten, um aus der ganzen Tiefe Erde zu analysieren.

↓ Mit einem Schnelltest können sehr einfach die Bodenreaktion (pH-Wert) und der Gehalt der im Boden vorhandenen Nährstoffe Kali, Phosphor und Stickstoff anhand einer Farbskala ermittelt werden.

Auflaufkrankheiten bei Aussaaten

Auflaufende Sämlinge sind anfällig für sogenannte Umfallkrankheiten. Sie sterben bei Befall schon kurz nach dem Auflaufen ab. Der Wurzelhals kranker Sämlinge ist eingeschnürt und dunkel verfärbt. Verantwortlich für das Absterben sind Schadpilze, die mit dem Substrat eingeschleppt werden oder an Aussaatkisten anhaften. Verwenden Sie daher möglichst neue Erden und reinigen Sie ältere Aussaatgefäße vor erneutem Gebrauch. Achten Sie außerdem darauf, dass die Anzucht der Pflanzen bei ausreichender Wärme stattfindet.

(Humusgehalt), Bodenreaktion (pH-Wert) sowie Kali-, Phosphor-, Magnesium- und Stickstoffgehalt ermittelt. Da sich viele Werte nur langsam ändern, ist nach einer Anfangsanalyse alle vier bis sechs Jahre ein Schnelltest ausreichend.

Ergebnisse der Bodenprobe interpretieren

Der pH-Wert ist die Maßzahl für die Bodenreaktion. Ein Boden mit dem pH-Wert 4 ist sauer und mit pH-Wert 9 basisch. Für leichte Sandböden ist ein pH-Wert von 5–5,5, für sandige Lehmböden 5,5–6,5, für Lehm und Ton 6–7 und für anmoorige humusreiche Böden 4,5–5 anzustreben. Bei diesen pH-Werten wachsen die meisten Pflanzen gut, außer Heidelbeeren, Hortensien, Rhododendren.

Wenn der pH-Wert zu niedrig ist, muss der Boden Anfang März über mehrere Jahre langsam z. B. mit kohlensaurem Kalk aufgekalkt werden (150 g/m² auf leichten Böden, 250 g/m² auf schweren Böden).

Bei einem zu hohen pH-Wert (selten) wird mehrere Jahre nicht gekalkt. Die ermittelten Nährstoffgehalte an Phosphor, Kali und Magnesium werden in eine von fünf Versorgungsstufen eingestuft (A sehr niedrig, B niedrig, C ausreichend, D sehr hoch, E extrem hoch). Entsprechend dieser Einstufung erfolgt die Düngung mit organischen oder mineralischen Düngern. Liegt der Boden in den Versorgungsstufen A und B, wird etwas mehr gedüngt, als die Pflanzen entziehen, um langsam optimale Gehalte zu erreichen. In der Versorgungsstufe C wird nur soviel gedüngt, wie die Pflanzen entziehen, in der Stufe D weniger und in der Stufe E über einige Jahre gar nicht.

So ist es möglich, den Dünger entsprechend dem Bedarf einzusetzen, gesunde und ausreichend versorgte Pflanzen anzubauen und die Umwelt zu schonen.

Ein Heim für Nützlinge

Früh im Jahr blühende Sträucher und Zwiebelblumen, im Sommer z. B. Ehrenpreis, Kornblume, Ringelblume, Wegwarte oder Dill und Herbstblüher wie Astern und Anemonen helfen, Nützlinge im Garten anzusiedeln. Ein im Frühjahr aufgehängter Holzrahmen, mit unterschiedlichen Materialien wie Lehm, Holz, Schilfrohren und Ziegel gefüllt, bietet Wohnquartiere für viele Insekten. Für Ohrwürmer eignen sich Blumentöpfe, die man von innen mit Holzwolle ausstopft. Um die Nützlinge zu schonen, sollte auf Pflanzenschutzmittel verzichtet werden (notfalls zumindest nützlingsschonende Mittel verwenden!).

Gemüse & Kräuter

Frühgemüse vor Kälte schützen

Ist der Boden frostfrei und gut abgetrocknet, kann er eingeebnet und ein feinkrümeliges Saatbett für weniger kälteempfindliche Arten hergestellt werden. Frühe Gemüse und Kräuter wie Schalerbsen, Puffbohnen, Radies, Spinat, Zwiebeln, Gartenkresse oder Petersilie haben zwar Mindestkeimtemperaturen von etwa 2 °C, liegen dann aber Wochen im Boden, bis sie keimen. Besser ist es, entweder frühe Gemüse und Kräuter erst bei Bodentemperaturen über 10 °C auszusäen oder die Beete mit Folie und Vlies vor niedrigen Temperaturen

↑ Haben sich die Keimblätter voll entwickelt und ist der Ansatz der ersten Laubblätter sichtbar, werden die Pflanzen pikiert, das heißt im Abstand von 3 bis 5 cm neu aufgepflanzt.

↓ Bei offenem Boden kann man Anfang März die ersten Beete anlegen. Darauf können Frühgemüse (Salat, Kohlrabi, Blumenkohl), Steckzwiebeln gepflanzt werden und Freilandaussaaten erfolgen.

zu schützen. Dann keimen die Samen zügig bzw. die Pflanzen wachsen schnell an, sodass Schaderreger wenig Chancen haben. Lochfolie mit ca. 75 Löchern/m² wird nur für die frühesten Aussaaten und Pflanzungen verwendet. Sie erwärmt den Boden gut, lässt aber kaum Wasser durch. Bei ansteigenden Temperaturen kann es daher zu Blattverbrennungen oder zum Schossen (Blütenbildung) z. B. von Salat kommen. Deshalb wird für Aussaaten und Pflanzungen ab Mitte März besser ein wasser-, luft- und lichtdurchlässiges Vlies (17 g/m²) verwendet. Der Schutz sollte immer erst an einem regnerischen, bedeckten Tag abgenommen werden, damit die Pflanzen sich besser an die Witterungsbedingungen gewöhnen können.

Jungpflanzenanzucht nicht nur auf der Fensterbank

Ab Monatsbeginn ist mehr natürliches Licht vorhanden, um erfolgreich wärmebedürftige Gemüsearten wie Tomaten oder Sellerie anzuziehen. Dazu sind Keimtemperaturen über 22 °C erforderlich. Um jeder Pflanze Licht und Nährstoffe zu bieten und kräftige gedrungene Jungpflanzen zu erhalten, werden diese in Töpfe pikiert. Nach dem Pikieren müssen die Pflänzchen feucht und warm stehen, damit sie schnell anwachsen. Groß wachsende Jungpflanzen wie Tomaten sollten nach der Bildung von zwei Laubblättern Ende März noch einmal umgetopft werden, so stehen ihnen mehr Licht und Nährstoffe zur Verfügung. Fangen die Pflanzen an stärker zu wachsen, wird die Temperatur langsam abgesenkt. Etwa zehn bis 14 Tage vor der Pflanzung werden sie dann abgehärtet, das heißt, sie sollen sich an die Bedingungen draußen (Temperaturen um 10 °C, Wind, Sonne) gewöhnen. Dazu eignen sich als Standorte besonders Kleingewächshäuser auf dem Balkon oder Frühbeetkästen, die gut gelüftet werden können. In den letzten Tagen vor der Pflanzung kann man die Jungpflanzen auch tagsüber ins Freiland stellen.
Für frühe Kräuterernten werden die ersten wärmebedürftige Kräuter wie Majoran und Thymian Ende März im Frühbeet oder Gewächshaus ausgesät. Fenchel, Dill und Kerbel können bereits ins Freiland.

Spargelbeete vorbereiten

Spargelbeete können bei offenem Boden ab Mitte März angehäufelt werden. Um frühe Ernten zu erzielen, sollte man an einem sonnigen, warmen Tag schwarze Folie auf die Beete legen. Dadurch bleibt der Boden wärmer. Aufgrund der höheren Temperaturen wachsen die Spargelstangen schneller und sind zarter.

↑ Ab Anfang März können Frühbeetkästen oder Folientunnel mit Frühgemüse wie Salat, Kohlrabi, Blumenkohl und Brokkoli bepflanzt, Kresse, Rettich und Radies in Zwischenreihen ausgesät werden.

↓ Nur bei vorhandener Heizung dürfen im März wärmebedürftige Jungpflanzen und Kulturen (z. B. Tomaten) ins Gewächshaus. Die oben genannten Frühgemüse sind auch eine gute Alternative für Kalthäuser.

Obstgarten

Boden bearbeiten

Die Bodenbearbeitung beginnt, sobald der Boden offen ist, und wird regelmäßig fortgesetzt. Da ein Teil der Wurzeln dicht unter der Bodenoberfläche liegt, dürfen nur Hacke und Grubber eingesetzt werden, ein Spaten ist tabu. Durch die Bearbeitung des Bodens werden unerwünschte Kräuter entfernt, Wurzeln belüftet und die Verdunstung wird verringert. Zugleich können Gründüngung oder Kompost eingearbeitet werden. Der Wurzelbereich von Obstgehölzen entspricht mindestens dem Kronendurchmesser!

Monilia-Spitzendürre

Bei Kirschen besteht bei nasskalter Witterung eine erhöhte Infektionsgefahr durch die *Monilia*-Spitzendürre. Der Pilz dringt über die Blüte ein und verursacht ein Triebspitzensterben, vor allem bei Sauerkirschen und Mandelbäumchen. Wenn Sie zur Blütezeit Fungizide spritzen, können Sie einem Befall vorbeugen. Kranke Triebspitzen sollten nach der Blüte bis ins gesunde Holz zurückgeschnitten werden.

Neue Obstgehölze pflanzen

Jetzt ist die Zeit, um die meisten Obstgehölze zu pflanzen (Ausnahme: Bei Pfirsich und Aprikose bis Ende März warten). Dabei dürfen die Wurzeln nicht austrocknen – notfalls an schattiger Stelle in feuchten Boden einschlagen. Vor dem Pflanzen werden die Wurzeln, auch bei Containerware, mehrere Stunden getaucht (beschädigte Wurzeln entfernen!). Auch der Bodenaushub sollte feucht sein.

Lockern Sie die Wurzelballen von Containerpflanzen auf, um ihre Gewohnheit im Kreis zu wachsen aufzulösen. Vorab einen Baumpfahl einschlagen, dann das Gehölz senkrecht in die Pflanzgrube stellen (die Veredelungsstelle sollte sich zehn bis 15 cm über dem Boden befinden) und die Zwischenräume mit feinkrümeliger Erde auffüllen. Dabei die Pflanze rütteln, damit ein enger Kontakt aller Wurzeln mit dem Boden gesichert wird. Anschließend den Boden vorsichtig festtreten, wässern (ein Gießrand hält das Wasser an der Pflanzstelle) und den Baum anbinden.

Der Pflanzschnitt bildet den Abschluss der Pflanzung. Dazu wird der Konkurrenztrieb an der Ansatzstelle entfernt. Von den verbleibenden Trieben werden drei bis vier, möglichst gleichmäßig am Stamm verteilt, ausgewählt. Der schwächste von ihnen wird auf mindestens die Hälfte zurückgeschnitten, die übrigen werden auf die gleiche Höhe gesetzt. Der Mitteltrieb sollte nur etwa eine Scherenlänge über dieser Schnittebene liegen. Alle übrigen Triebe an der Basis entfernen.

Vorhandene Obstgehölze schneiden

Der Austrieb starkwüchsiger Gehölze wird durch das Hinauszögern des Schnittes bis in das Stadium des Knospenaufbruchs gebremst.

Der Schnitt von Weinreben und Kiwi ist bis Mitte März zu beenden. Die Grundregel für beide Arten ist gleich: Blüten und Früchte bilden sich am diesjähri-

gen Austrieb, wenn der auf Vorjahrestrieben steht. Mehrjähriges Holz ist zu entfernen.
Bei Brombeeren sind die Altruten stummelfrei zu entfernen, die Jungruten werden auf ca. 2,50 m eingekürzt und ans Spalier geheftet. An vorhandenen Seitentrieben verbleiben zwei Augen.
Im Himbeerbestand sind vorhandene Stummel der Ruten und schwache Jungtriebe bodennah wegzuschneiden. Es verbleiben etwa zehn Ruten je laufendem Meter.

Erdbeeren pflegen

Trockene und kranke Blätter sowie alte Ranken sind zu entfernen. Vorjährige Mulchmaterialien werden abgeräumt, die Zwischenreihen flach aufgelockert und organischer Dünger eingearbeitet.

Obstpflanzen richtig düngen

Grundsätzlich sollte die Düngung wie bei Gemüse auf der Grundlage einer Nährstoffanalyse erfolgen (s. S. 22). Obstgehölze stellen nur geringe Nährstoffansprüche. (= Schwachzehrer, vgl. Tabelle S. 35). Die gesamte Düngermenge ist auf zwei Gaben im Jahr zu verteilen, die man flach einarbeitet. Zwei Drittel der Gesamtmenge werden im März ausgebracht, die Restmenge im Juni. Nur die Erdbeere gehört zu den Mittelstarkzehrern. Hier wird die zweite Düngergabe nach der Ernte gestreut. Dauertragende Erdbeeren erhalten ein weiteres Drittel im September. Hat man unter Obstbäumen Rasen, Stauden oder Sommerblumen gepflanzt, ist der Bedarf dieser Pflanzen zu berücksichtigen.

Nicht vergessen!

Im Herbst angebrachte Leimringe spätestens jetzt entfernen und entsorgen. Die unteren Stammabschnitte abbürsten, um eventuell vorhandene Eiablagen zu entfernen. Fruchtmumien entsorgen.

↑ *Bei Containerpflanzen Ringwurzeln gleichmäßig verteilt aufschneiden. Beim Wurzelschnitt beschädigte oder zu lange Wurzeln abschneiden. Schnittflächen dürfen schräg sein, müssen jedoch nach unten zeigen.*

↑ *Die Pflanzgrube mit gelockerter Sohle muss anderthalb- bis zweimal größer sein als der Wurzelballen. Der Aushub ist vor dem Auffüllen mit Kompost und organischem Dünger zu mischen.*

→ *Pflanzschnitt: Die drei Leitäste sind optimal um den Mittelstamm verteilt.*

↓ *Winddruck an der Krone bewirkt auch Wurzelbewegungen, die zum Abreißen der sich gerade neu gebildeten feinen Wurzelhärchen führen und das Anwachsen gefährden. Ein Baumpfahl verhindert das.*

Ziergarten

Die erste Rasenpflege

Sobald der Rasen frostfrei und abgetrocknet ist, wird die Fläche durch Abharken von Laub und anderen Ablagerungen befreit. Kann entsprechend der Witterungsverhältnisse ein erster Rasenschnitt erfolgen, ist eine hohe Schnitthöhe zu wählen, damit nur die Grasspitzen entfernt werden. Ältere Rasenflächen werden belüftet: Das Vertikutieren wird einmal längst und ein zweites Mal quer zur Rasenfläche durchgeführt. Neben der Durchlüftung werden so auch Moos und Unkräuter entfernt. Anschließend ist die Fläche abzuharken.

Kübelpflanzen und Gefäße auf die Saison vorbereiten

Bei Pflanzen, die im frostfreien Raum überwintert wurden, z. B. Schmucklilien *(Agapanthus praecox)*, Scheinmalve *(Anisodontea capensis)*, Aukube *(Aucuba japonica)*, Engelstrompete *(Brugmansia aurea)*, Feige *(Ficus carica)*, Spindelstrauch *(Euonymus japonica)*, Oleander *(Nerium oleander)* und Blauer Kartoffelbaum, auch Enzianstrauch *(Solanum rantonnetii)* genannt, beginnt man in diesem Monat mit dem regelmäßigen Gießen und Düngen. Lockern Sie die Erdoberfläche auf, ohne die Wurzeln zu beschädigen. Entfernen Sie die gelockerte Erde und ersetzen Sie sie durch nährstoff- und humusreiches Substrat. Ab Mitte März einmal wöchentlich niedrig dosiert düngen!
Kästen und Kübel müssen vor allem ausreichend Platz für die Entwicklung der Pflanzenwurzeln bieten und

↓ *Vertikutierer, Drahtbesen und Gartenkarre sind drei wichtige Arbeitsgeräte, die neben dem Rasenmäher zum Beginn der Rasenpflegearbeiten im Monat März einsatzbereit sein sollten.*

Jetzt Knollen vortreiben

Um den Blütezeitpunkt einiger Knollengewächse nach vorn zu verlegen, werden ihre Knollen in Gefäßen in einem entsprechenden Substrat ausgelegt und bedeckt. Bei Temperaturen von 10–12 °C beginnt die Wurzel- und Triebbildung. Nach entsprechender Abhärtung können diese Pflanzen nach den Eisheiligen, Mitte Mai, am gewünschten Standort ausgestellt beziehungsweise ausgepflanzt werden.

↑ *Bereits genutzte Gefäße, aus welchem Material auch immer, sind vor einer Wiederverwendung zu reinigen. Schmierseifenwasser und eine scharfe Bürste lassen die Gefäße wieder sauber aussehen.*

↑ *Teilung von Pflanzen, besonders bei Stauden, ist eine Vermehrungsart, die rascher zu neuen blühfähigen Beständen führt. Jede Teilpflanze sollte ausreichend Adventivaugen bzw. Triebe haben.*

über Wasserabflusslöcher verfügen. Das Material sollte frostbeständig und lichtstabil sein und sich in der Sonne nicht schnell aufheizen. Ältere Gefäße, die erneut genutzt werden sollen, können Sie mit Schmierseifenwasser und einer harten Bürste reinigen. Gegen Kalkausblühungen und Algen hat sich eine Essig-Salzwasserlösung (2 l Essig auf 1 l Wasser und eine Handvoll Küchensalz) bewährt: Lösung auftragen, einwirken lassen, mit einer Bürste reinigen und abspülen.

Stauden pflegen

Wenn der Boden im März frostfrei ist, wird der Winterschutz entfernt. Dabei ist darauf zu achten, dass keine Neuaustriebe beschädigt werden. In diesem Zusammenhang sollte man überprüfen, ob besonders im Vorjahr gepflanzte Stauden nicht hochgefroren sind, gegebenenfalls sind sie anzudrücken. Abgestorbene Pflanzenteile werden zurückgeschnitten.
Stauden sollten nach fünf bis sechs Jahren geteilt werden (jetzt oder im Herbst). Diese Verjüngung trägt dazu bei, dass die Pflanzen weiterhin reich blühen.
Bei der Teilung der Staude, egal ob mit der Hand, dem Messer oder dem Spaten, ist sicherzustellen, dass jede Teilpflanze einen gesunden und mehrtriebigen Kopf hat.
In bestehenden Steingärten sind alle Pflanzen auf ihren Qualitätszustand zu überprüfen und notfalls durch neue Pflanzen zu ersetzen.

Weg mit den Wildkräutern

Bei Wärme und Feuchtigkeit machen sich sehr schnell sogenannte Unkräuter breit. Da sie dem Boden Nährstoffe und Feuchtigkeit entziehen, ist eine rechtzeitige Bekämpfung sinnvoll: Bearbeiten Sie die Bodenfläche bis zum Herbst in regelmäßigen Abständen mit Hacke, Grubber oder Kultivator. Vor allem nach längerem Regen oder starker Bewässerung ist eine Bodenbearbeitung zweckmäßig, da dadurch der Keimprozess der Unkrautsamen gestört und der Wasser- und Lufthaushalt im Boden positiv beeinflusst werden.

Busch- und Hochstammrosen

Wenn die Erde nicht mehr gefroren ist, wird bei Buschrosen die angehäufelte Erde vorsichtig entfernt. Die niedergelegten Hochstammrosen werden aus der Erde genommen. Wenn man diese Arbeit zu spät ausführt, befinden sich die Augen schon im Strecken und brechen leicht ab. Bereiten Sie jetzt auch neue Pflanzflächen vor: Da Rosen sehr lange auf einem Standort stehen, ist eine zwei Spatenstiche tiefe Bodenlockerung erforderlich. Zur Bodenverbesserung Torf oder Kompost unter den ersten Spatenstich mischen.

Sommerblumen aussäen

Sommerblumen, die eine Vorkultur erfordern, werden im kalten Frühbeetkasten ausgesät, und zwar weitwürfig mit einem Saatkornabstand von mindestens 2 × 2 cm, damit die Pflanzen ausreichend Platz für ihre Entwicklung haben. Bis zur Auspflanzung sind die Pflanzen regelmäßig zu lüften und abzuhärten.

Nicht vergessen!

Winterquartiere der Pflanzenknollen kontrollieren.

↓ Mobiles Gärtnern: Mit Töpfen und Kübeln, die mit Frühlingsblumen bepflanzt wurden, lassen sich auch all diejenigen Beete und Gartenräume beleben, die so früh im Jahr noch wenig Farbe zeigen. Duftende Hyazinthen in Weiß oder Blau (hinten rechts), gelborangefarbene Stiefmütterchen oder kleine blaue Traubenhyazinthen (links im Korb) zeigen, wie's geht.

Vereinsleben

Die Mitgliederversammlung

Die Mitgliederversammlung wählt den Vorstand und beschließt Satzung und Gartenordnung. In der Regel findet die erste Mitgliederversammlung eines Jahres im März statt. Sie befasst sich unter anderem mit den Berichten von Vorstand, Kassierer und Kassenprüfer sowie dem Beschluss des Haushaltsplans für das laufende Jahr. Die Teilnahme an der Mitgliederversammlung ist ein Recht, aber gleichzeitig auch eine Verpflichtung für jedes Vereinsmitglied. Das Mitspracherecht liegt im Interesse jedes Vereinsmitglieds – so kann jeder den eigenen Kleingärtnerverein mitgestalten und seine Wünsche einbringen. Außerdem trifft man hier den einen oder anderen Nachbarn, den man den Winter über nicht gesehen hat ...

Osterfeuer

Im März laufen in vielen Kleingartenanlagen bereits die Vorbereitungen für ein traditionelles Osterfeuer, ein tolles gemeinsames Erlebnis für Groß und Klein. Im Vorfeld ist eine Anmeldung bei der Feuerwehr und der kommunalen Verwaltung nötig. Mit der Genehmigung gibt es Hinweise zu brandschutzrechtlichen Regelungen. Halten Sie auf alle Fälle ausreichend Abstand zu Lauben und anderen Gebäuden und sorgen Sie sicherheitshalber für Wassereimer, Gartenschläuche, Feuerlöscher und Sand. Ins Feuer gehören nur unbehandeltes Holz und trockene Pflanzenreste. Liegt das Material schon länger bereit, schichten Sie es vor dem Entzünden um, damit sich Tiere, die hier untergeschlüpft sind, in Sicherheit bringen können.

↑ Zwar noch zögernd, aber schon ganz munter zeigen sich Stauden und Gehölze den wärmenden Strahlen der Frühlingssonne. Die Arbeit im Kleingarten geht los!

↓ Die Mitgliederversammlung diskutiert und entscheidet über die rechtlichen Grundlagen und die organisatorischen Abläufe der Vereinsarbeit. Auf diese Weise ist das Mitspracherecht jedes Mitglieds gesichert.

April

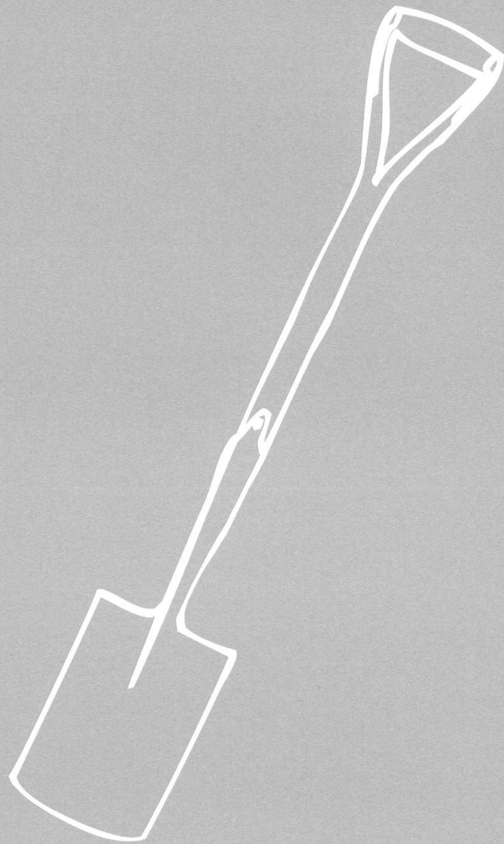

An den blühenden **Tulpen**, Osterglocken und Stiefmütterchen merkt man: Der Frühling ist da! Auch wenn der April noch sehr **launig** sein kann und es für manche Pflanzenarten noch zu kalt ist, so hält doch die meisten Kleingärtner nichts mehr im Haus: Sommerblumen und Gemüse aussäen, Stauden pflanzen und ein **Frühjahrsputz** in der Laube – es gibt genug zu tun. Und für die Pflanzen heißt es jetzt: wachsen, wachsen, wachsen ...

↑ *Anfang April, mit zunehmendem Licht und steigenden Bodentemperaturen, beginnen die Pflanzen stärker zu wachsen und brauchen zum Aufbau ihrer Substanz mehr Haupt- und Spurennährstoffe.*

Der Kleingarten im April

Nährstoffe für eine gute Entwicklung

Anfang des Monats ist es Zeit, Obst, Stauden und frühes Gemüse mit einer Startdüngung zu versorgen. Es werden die Hauptnährstoffe Stickstoff (N) und Kali (K) sowie bei niedrigen Versorgungsstufen Phosphor (P), Magnesium (Mg) und Schwefel (S) gedüngt. Die Vielzahl der Spurenelemente, zu denen insbesondere Bor (B), Eisen (Fe), Mangan (Mn) und Molybdän (Mo) zählen, ist zwar nur in kleineren Mengen nötig, aber genauso lebensnotwendig.

Organische Düngung

Pflanzen nehmen die Nährstoffe in mineralischer Form auf. Wird organisch (Kompost, Hornmehl) gedüngt, müssen die Bodenlebewesen diese Stoffe erst mineralisieren, in Einzelnährstoffe zerlegen. Sie brauchen dazu feuchten, warmen Boden. Die Wirkung eines organischen Düngers ist deshalb langsamer als die eines mineralischen, hält aber auch länger an. Arbeitet man im April Frischkompost (2–3 l/m²) in die obere Bodenschicht ein, reicht das als Düngung für Stauden und schwächer wachsende Gemüse völlig aus. Im Kompost sind Haupt- und Spurennährstoffe in einem optimalen Verhältnis mit einem neutralen pH-Wert vorhanden. Kompostierter Stallmist wird nur alle drei Jahre eingearbeitet. Die organische Masse darf nie zu tief eingegraben werden. Auf schweren Böden würde sie faulen, da Sauerstoff für die Bodenlebewesen fehlt. Auf leichten Böden würden die Nährstoffe zwar freigesetzt, die jungen Pflanzen können diese aber noch nicht erreichen. Sie werden in tiefe Bodenschichten ausgewaschen und schaden der Umwelt.

Mineralische Düngung

Mineralische Dünger gibt es als Einnährstoff- oder als Mehrnährstoffdünger. Mehrnährstoffdünger sind leicht zu handhaben, aber nur gut geeignet, wenn alle Nährstoffe im Boden in der gleichen Versorgungsstufe vorliegen, denn auch Nährstoffüberschuss führt zu Pflanzenerkrankungen und schlechter Fruchtqualität. Einnährstoffdünger werden gezielt beim Fehlen einzelner Nährstoffe, vor allem von Stickstoff, eingesetzt. Dabei muss die Stickstoffdüngung aufgeteilt werden und als Startdüngung zur Aussaat oder Pflanzung und später als Kopfdüngung gegeben werden (s. Tabelle).

Nicht vergessen!

Beete regelmäßig alle acht bis vierzehn Tage hacken!

Stickstoffbedarf (N), organische/mineralische Start- und Kopfdüngung pro m² (KAS = Kalkammonsalpeter)

PFLANZEN	N-BEDARF	STARTDÜNGUNG	KOPFDÜNGUNG
Beerenobst	3–5 g	2 l Kompost oder 20 g Hornmehl	20 g Hornmehl
Erdbeeren	10 g	20 g Hornmehl / 7 g KAS	3 l Kompost und 2 x 30 g Hornmehl/ 2 x 15 g KAS
Kernobst	3–5 g	3 l Kompost	20 g Hornmehl (Fruchtansatz)
Steinobst	3–5 g	3 l Kompost	20 g Hornmehl (Fruchtansatz)
Rasen	20 g	3 l Kompost oder 50 g Hornmehl/18 g KAS	3 x 50 g Hornmehl/ 3 x 18 g KAS
Stauden	2 g	2 l Kompost oder 20 g Hornmehl	
Gemüse Schwachzehrer	5 g	3 l Kompost oder 50 g Hornmehl/10 g KAS	1 x 9 g KAS
Gemüse Mittelzehrer	10–15 g	75 g Hornmehl/25 g KAS	25 g Hornmehl/ 1–2 x 12 g KAS
Gemüse Starkzehrer	20 g	75 g Hornmehl/25 g KAS	75 g Hornmehl/ 3 x 15 g KAS

↑ *Mineralischer Dünger ist hoch konzentriert, deshalb muss er genau abgemessen und in mehrere Gaben aufgeteilt werden. Flüssigdünger eignet sich bei Nährstoffmangel, da er sofort wirksam ist.*

↓ *Im Handel angebotene Mehrnährstoffdünger orientieren sich entweder am durchschnittlichen Bedarf der Pflanzen oder sind auf eine Kultur, z. B. Tomaten oder Rosen, abgestimmt.*

↓ *Frischkompost ist ideal zum Mulchen der Baumscheiben (3 l/m²). Wichtig ist, dass die gesamte Baumscheibe bis zum Kronenrand versorgt wird, da hier die Faserwurzeln des Baumes wachsen.*

Gemüse & Kräuter

Frühgemüse – zarte Delikatesse aus dem Garten

Um das Wachstum des im März gepflanzten Frühgemüses zu fördern, sollten Sie ihm eine Kopfdüngung verabreichen. Der Zeitpunkt richtet sich nach der Pflanzenentwicklung. Kohlrabi, Kopf- und Eissalat werden zum Beginn des Knollen- bzw. Kopfwachstums und Blumenkohl erstmals drei Wochen nach der Pflanzung gedüngt. Der Dünger wird zwischen die Pflanzen gestreut, eingehackt und bei Trockenheit eingewässert, damit er den Pflanzen zur Verfügung steht. Will man kontinuierlich Kopfsalat, Eissalat, Kohlrabi, Brokkoli und Blumenkohl ernten, sollten jetzt etwa alle zehn Tage einige Jungpflanzen gepflanzt werden. Besonders für Salate ist es wichtig, frühe Sorten zu wählen. Sie entwickeln sich schnell und schossen noch nicht. Getopfte, gut abgehärtete Pflanzen mit einem durchwurzelten Ballen und weißen, gesunden Wurzeln garantieren ein zügiges Weiterwachsen. Die Wurzelballen werden vor der Pflanzung etwas gelockert, damit die Wurzeln in das Beet einwachsen können. Die Beete sollten feucht, tief gelockert und mit einer Startdüngung versorgt sein. Salat und Kohlrabi dürfen nicht zu tief gepflanzt werden, da sie dann keine Köpfe bzw. Knollen bilden.

Anfang des Monats ist auch der richtige Zeitpunkt für die Pflanzung von Frühkartoffeln. Die Beete sollten tief gelockert und gut mit organischer Substanz versorgt sein. Die vorgekeimten Kartoffeln mit Wurzeln und Blattsprossen werden im Abstand von etwa 30 cm in Reihen gelegt (Reihenabstand 50–70 cm), angehäufelt und zur Wärmeförderung am besten mit Vlies oder schwarzer Folie abgedeckt.

↑ *Nach dem Pflanzen muss angegossen werden, damit die Wurzeln Bodenkontakt bekommen. Zu häufiges Gießen wirkt sich negativ aus, da die Pflanzen nicht angeregt werden, genügend Wurzeln zu entwickeln.*

Frühe Aussaaten und ihre Pflege

Die jetzt aufgelaufenen frühen Aussaaten von Radies, Möhre, Zwiebel und Wurzelpetersilie werden auf 4 bis 5 cm in der Reihe vereinzelt, damit jedes Pflänzchen genügend Platz zum Wachsen hat. Dabei wird die Erde zwischen den Reihen gelockert und auflaufendes Unkraut entfernt. Bei länger anhaltender Trockenheit kann es notwendig sein, die Aussaaten zu gießen. Haben Möhren etwa vier Laubblätter entwickelt, werden sie gedüngt.

Im April können weitere Beete für die Direktaussaat angelegt werden: Der Boden wird flach gelockert, glatt gezogen und in ca. 1,20 m breite Beete eingeteilt. Die Aussaaten erfolgen in Reihen, damit das Hacken und Entfernen von Unkraut einfacher ist. Je nach Saatkorndicke werden 1 bis 3 cm tiefe Saatrillen gezogen und die Samen dünn ausgesät. Liegen die Bodentemperaturen bei etwa 8 bis 10 °C, können Mangold, Zucker- und Markerbsen, Pflücksalat, Asiasalate, Mairüben und Rote Bete ausgesät werden. Ins Kräuterbeet kommen Borretsch, Blatt-Koriander, Dill und Kerbel.

Tomaten im Gewächshaus

Tomaten haben geringere Temperaturansprüche als Gewächshausgurken und Paprika. Deshalb können sie im April, wenn die Bodentemperaturen dauerhaft über 15 °C liegen, in leicht heizbare Häuser und Ende des Monats ins kalte Haus gepflanzt werden. Kurzzeitig vertragen sie Temperaturen um 10 °C, optimal für ein gutes Wachstum sind aber 16 bis 18 °C Bodentemperatur. Der Boden sollte tief gelockert und mit organischer Substanz angereichert sein. Auch für Tomaten gelten die Fruchtfolgeprinzipien. Ein Nachbau reduziert den Ertrag und es reichern sich immer mehr bodenbürtige Schädlinge und Krankheiten an. Darum ist es notwendig, entweder den Boden in den folgenden Anbaujahren auszutauschen oder die Tomaten gleich in Säcke mit nährstoffreicher Erde zu pflanzen. Nach der Ernte lässt sich diese Erde noch gut zur Bodenverbesserung im Freiland verwenden.

Wenn optimale Anzuchtmöglichkeiten fehlen, sollten Jungpflanzen besser in einer Gärtnerei gekauft werden. Gut durchwurzelte, kräftige Ballenpflanzen mit einem sichtbaren Blütenstand (zwischen 9. und 11. Laubblatt) garantieren ein gutes Anwachsen und frühe Ernten. Veredelte Tomatenjungpflanzen haben ein stabileres Wurzelwachstum und sind deshalb bei Anbauproblemen nicht so empfindlich. Liegt der Anbauzeitraum zwischen Mitte April und Mitte Oktober, ist

↓ *Zucker-, Schal- und Markerbsen sind Stickstoffsammler, die in zweiter Tracht angebaut werden. Sind sie etwa 10 cm hoch, werden sie angehäufelt; für hohe Sorten wird ein Spalier gebaut.*

Kulturschutznetze

Im Gemüsegarten lassen sich Schädlinge mit Kulturschutznetzen fernhalten. Sie schützen Kohlgemüse vor Kohlfliegen, Raupen und Blattläusen und wehren bei Porree Zwiebelfliege, Lauchmotte und Thripse ab. Außerdem helfen sie gegen die Möhrenfliege und halten Vögel fern. Wichtig ist, dass die Netze im Randbereich mit dem Boden abschließen.

Lassen Sie die Netze möglichst bis zur Ernte auf den Kulturen liegen.

↑ *Bei der Rhabarberernte dürfen die Stiele nicht abgeschnitten werden, sondern müssen vorsichtig durch Seitwärtsdrehen herausgebrochen werden. Rote Sorten sind milder im Geschmack als grüne.*

↑ *Spargeljungpflanzen werden so in den Graben gelegt, dass alle Knospen in eine Richtung längs des Beetes zeigen.*

↑ *Um die Pflanzenkrone nicht zu beschädigen, werden die Spargelstangen freigelegt.*

eine Dichtpflanzung mit etwa 3 Pflanzen/m^2 (40 cm in der Reihe, 80 cm Reihenabstand) günstig. Die Pflanzen werden tiefer gesetzt, damit sie am Stamm noch Seitenwurzeln bilden können. Im Laufe des Monats ist es notwendig, die Pflanzen anzubinden und wöchentlich um die Schnur zu wickeln, damit sie Halt haben. Tomaten werden eintriebig gezogen, deshalb werden die Nebentriebe in den Blattachseln ausgegeizt.

Erste Ernten aus dem Garten

Blattgemüse, z. B. Feldsalat, Spinat und überwinterter Salat (Winterbutterkopf), sowie frühe Radies, Wintersteckzwiebeln und Zwiebellauch sind jetzt schon zu ernten. Der April ist aber auch Erntemonat für Stielgemüse. Hat man Ende März den Rhabarber mit Vlies abgedeckt, beginnt Anfang April die Ernte der jungen, zarten Stangen, ansonsten erst Mitte des Monats. Damit die Pflanzen sich auch in den Folgejahren gut entwickeln, werden einige Blätter stehen gelassen und die Blütenknospen zeitig ausgebrochen. Mit Folie oder Vlies abgedeckte Spargelbeete bieten jetzt ebenfalls delikates Gemüse. Spargel beginnt bei Bodentemperaturen um 12 °C zu wachsen und sollte dann täglich gestochen werden.

Neuanlage eines Spargelbeetes

Für die Pflanzung von Spargel im April ist ein Beet auszuwählen, das im Vorjahr reichlich mit organischer Substanz (Stallmist, Gründüngung) versorgt wurde. Anfang April, wenn der Boden nicht mehr kalt ist und die Spargelpflanzen noch nicht treiben, werden in Reihen von 1,50 m Abstand etwa 25 cm tiefe Gräben ausgehoben. Die Grabensohle wird gelockert. Die Jungpflanzen werden im Abstand von 30 cm gesetzt, gut angedrückt, anschließend mit 8 bis 10 cm Erde bedeckt und bewässert. Wichtig ist ein sehr guter Bodenschluss.

→ Bienen als Pollenträger sorgen auch im Kleingarten für reiche Ernten.

Obstgarten

Vorsicht: Spätfrostgefahr

Die Steinobstarten beginnen im April mit der Blüte. In dieser Zeit – bis Mitte Mai –können noch häufig Spätfröste auftreten. Da die geöffnete Obstblüte gegenüber Minustemperaturen hochempfindlich ist, kann Frost zu Totalschäden führen (je nach Art und Sorte). Am empfindlichsten sind Jungfrüchte. Ein Schaden entsteht bereits bei –1 °C, während die Vollblüte auch noch –2 °C toleriert. Die Maßnahmen zur Frostabwehr sind im Kleingarten beschränkt: Am einfachsten ist es, den Boden unter den Bäumen feucht, fest und unkrautfrei zu halten. Eine Mulchschicht erhöht die Spätfrostgefahr! Droht Frost, kann in windstillen Nächten eine Wärmequelle unter der Baumkrone (Kohle-/Holzfeuer, Holzkohlegrill, Gasbrenner) der Frostabwehr dienen. Die Erdbeerblüte lässt sich durch Abdecken mit Stroh, Laub oder Vlies schützen.

Erdbeeren pflanzen

Ab Monatsmitte können Erdbeeren als sogenannte Frigopflanzen gesetzt werden. Diese in Kühllagern überwinterten Pflanzen müssen Sie vor dem Pflanzen langsam auftauen. Die frühe Jahreszeit sichert beste Anwachsergebnisse. Die Ernte setzt zwar verzögert, aber noch im gleichen Jahr ein.

Nicht vergessen!

Boden bearbeiten; Himbeeren, Brombeeren, Wein und Kiwi an Spalier heften; von Mehltau befallene Triebe zurückschneiden; Pflanzenstärkungsmittel anwenden. Ende April ist die letzte Möglichkeit umzupfropfen.

↑ Flache Bodenbearbeitung im Erdbeerbestand schont die Wurzeln und ist daher ratsam. Das Einarbeiten von Kompost als organischer Dünger fördert Wachstum und Fruchtbarkeit.

↓ Pfirsichpflanzschnitt fällt schwer: Die kräftigen Triebe werden mindestens zur Hälfte eingekürzt, schwache wie auch nach innen gerichtete Triebe sollten gänzlich entfernt oder auf ein bis zwei Knospen zurückgeschnitten werden.

Ziergarten

Rosen pflanzen und schneiden

Die Pflanzflächen für neue Rosen wurden bereits im März vorbereitet. Vor dem Pflanzen werden die Wurzeln etwas eingekürzt und die oberirdischen Triebe bei Busch- und Hochstammrosen auf drei bis fünf Augen zurückgeschnitten, bei Kletterrosen auf acht bis zehn Augen. Buschrosen sind dann richtig gepflanzt, wenn die Veredlungsstelle kurz unter der Erdoberfläche steht. Blühen in den Gärten die Forsythien, ist der Zeitpunkt für den Rosenschnitt gekommen (s. Kasten).

Alpenrosen – Blütenrausch im Mai

Nach der Blüte werden die verwelkten Teile der Rhododendren entfernt, und zwar sehr vorsichtig, damit der beginnende Neuaustrieb nicht beschädigt wird.

Rasen neu anlegen

Die vor Frosteintritt im Herbst umgegrabene und planierte Aussaatfläche wird mit gesiebter Komposterde (mit bis zu 2 kg Volldünger pro 1 m^3 Komposterde) überzogen, die mit dem Grubber leicht untergearbeitet wird. Danach die lockere Schicht festtreten und sauber abharken. Die Grassamenmischung wird an einem trockenen und windstillen Tag ausgebracht: pro 1 m^2 mind. 40 bis 50 g Grassamen. Die Samen mit einer Harke in Hackfunktion in ganz engen Abständen mit Erde bedecken. Zum anschließenden Antreten der Aussaatfläche verwendet man Tretbretter in einer Größe von ca. 30 × 20 cm. Während des Keimprozesses darf die Aussaatfläche nicht austrocknen, da dies zu einer ungleichmäßigen Rasenfläche führen kann.

Aussaat von Sommerblumen

Schleifenblume *(Iberis)*, Steinkraut *(Alyssum)*, Wicke *(Lathyrus)*, Ringelblume *(Calendula)*, Kapuzinerkresse *(Tropaeolum)*, Goldmohn *(Eschscholzia)*, Sommerzypresse *(Kochia)* und viele andere können jetzt direkt ausgesät werden. Boden kräftig grubbern und durch Harken eine Krümelung der Erdoberfläche erreichen. Nach der Bildung des zweiten Laubblatts können die jungen Blumen verpflanzt werden.

Wenn die Frühjahrs-Zwiebelblumen verblüht sind ...

Wenn Narzissen, Tulpen und Hyazinthen abgeblüht sind, werden die Blütenköpfe entfernt. Der Blütenstängel bleibt stehen, da er Blattgrün (Chlorophyll) besitzt, der den Assimilationsprozess unterstützt und

Rosen schneiden

1 | Edel-, Beet- und Zwergrosen blühen am diesjährigen Austrieb und sind kräftig zurückzuschneiden. An den Triebspitzen entwickeln sich aus den Augen neue blühwillige Triebe.

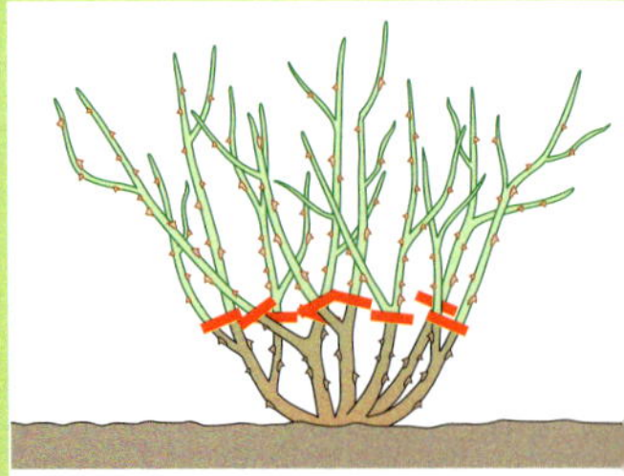

2 | Kletterrosen blühen an diesjährigen und mehrjährigen Trieben. Man lässt neue Langtriebe stehen und kürzt nur die Seitentriebe auf zwei bis vier Augen.

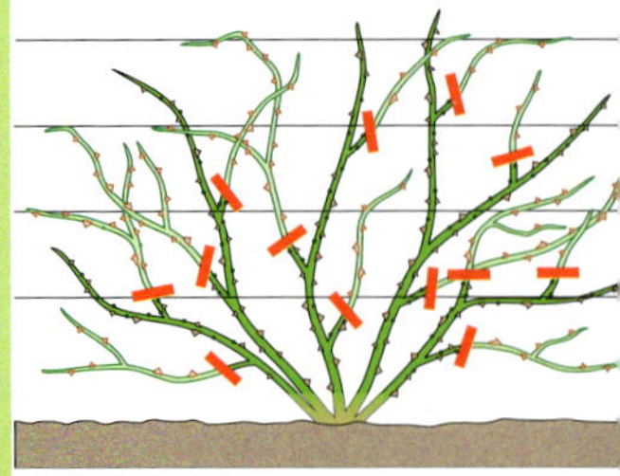

3 | Bei Edel-, Beet- und Zwergrosen, die auf Stämmchen veredelt wurden, ist beim Zurückschneiden der Triebe auf den Erhalt einer dekorativen runden und gleichmäßigen Stammkrone zu achten.

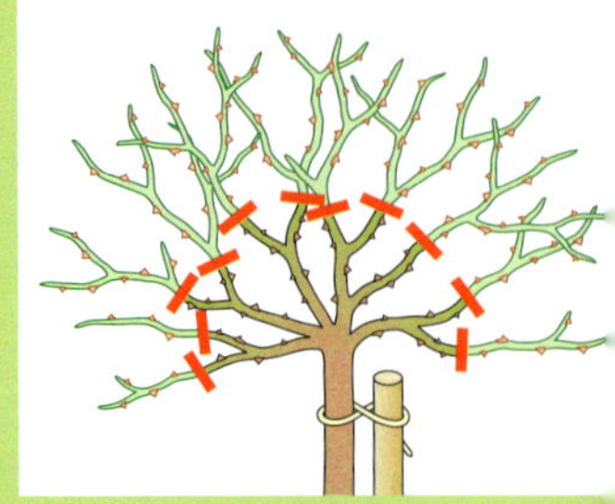

Rasensaat nötig?

Eine Rasennachsaat wird notwendig, wenn der Rasen beispielsweise durch Trockenheit oder vorherige Unkraut- bzw. Moosvernichtung kahle Stellen aufweist. Diese Bereiche gründlich lockern, Rasensamen auf den Lücken verteilen, einharken und gut andrücken. Die Nachsaatstelle ist regelmäßig zu gießen. Beim Rasenmähen darf man diese Stellen erst dann befahren, wenn der nachgesäte Rasen eine Halmlänge von ungefähr 10 cm erreicht hat.

so die Brutzwiebelqualität steigert. Wenn die oberirdischen Pflanzenteile verwelkt sind, werden sie entfernt.
Bei Zwiebelgewächsen, die nach drei Standjahren an einen anderen Standort gepflanzt werden sollen, ist nach dem Abblühen auch der Blütenkopf zu entfernen. Die Ernte der Zwiebeln erfolgt, wenn die Blattspitzen der Pflanze beginnen, gelb zu werden. In diesem Reifezustand haften die Brutzwiebeln fest am Zwiebelboden der Mutterzwiebel und können ohne Verlust geerntet werden.

... können die ersten sommerblühenden Zwiebeln und Knollen ausgelegt werden

Gladiolenknollen aus der eigenen Überwinterung oder aus dem Zukauf auf Krankheiten überprüfen: Sollte man beim Anheben der Hüllenschalen verfärb-

↑ *Da Stauden fünf bis sechs Jahre am gleichen Standort stehen können, ist ein neues Beet gut vorzubereiten: Tiefgründig lockern, Wurzelunkräuter entfernen, Komposterde und Grunddünger einarbeiten.*

↓ *Bei einer Heckenpflanzung – Ballen- oder Containerware – kann der Pflanzlochaushub des nachfolgenden Pflanzlochs zum Einpflanzen der vorhergehenden Pflanze genutzt werden.*

te oder eingesunkene Stellen feststellen, ist neues Knollenmaterial zu kaufen. Die Gladiolenknollen müssen 10 cm tief gelegt werden, damit sie später im blühenden Zustand bei Wind nicht umfallen. Bei einer Beetkultur ist beim Legen ein Reihenabstand von 20 cm und in der Reihe von 10 cm einzuhalten. Dahlienknollen können ebenfalls bereits jetzt in den Boden, wenn er nicht zu kalt ist. Bei überwinterten und zugekauften Dahlien ist auf einen gesunden Wurzelhals zu achten, da der Austrieb am Wurzelhals erfolgt. Der Pflanzabstand der Dahlienknollen ist sortenbedingt. Bei der Pflanztiefe darauf achten, dass der Wurzelhals mindestens mit 10 cm Erde bedeckt ist (s. S. 53)!

↑ Frühling, wie er jeden begeistert: Diese Pflanzen-, Blüten- und Farbkombination spricht jeden Gärtner an! Sie setzt allerdings eine gute Gartenplanung voraus.

↓ Zum Ende der Überwinterungszeit oder bei einem Neukauf von Kübelpflanzen ist ein Umtopfen ratsam. Eine erforderliche Gefäßvergrößerung sollte minimal ausfallen.

Pflanzen für Töpfe und Kübel

Überwinterte Pflanzen im Kübel oder Balkonkasten werden erstmals leicht mit einem organischen Flüssigdünger gedüngt. Nach Ausputzen, Umtopfen und Rückschnitt werden die Pflanzen an einem geschützten, leicht schattigen Standort aufgestellt.

Rückschnitt abgeblühter Gehölze

Bei vielen sommergrünen Gehölzen, zu denen z. B. Forsythien und der Mandelbaum gehören, erfolgt die Blüte am einjährigen Trieb. Diese Gehölze neigen dazu, viele Quertriebe zu bilden, wenn sie nicht geschnitten werden. Das jährliche Auslichten von Ästen, die schon Blüten getragen haben, fördert das Wachstum von neuen Trieben an der Strauchbasis. Es sollte unmittelbar nach der Blüte geschnitten werden, damit dem jungen Holz ausreichend Zeit bleibt, um bis zum Winter auszureifen.

Vereinsleben

Erst die Arbeit, dann das Vergnügen

Eine Kleingartenanlage besteht aus den einzelnen Parzellen und gemeinsam genutzten Einrichtungen. Nicht nur die eigenen Gärten, sondern auch die Gemeinschaftsflächen wollen gepflegt werden – es versteht sich von selbst, dass dies durch gemeinsame Arbeiten geschieht. Jedes Mitglied ist verpflichtet, eine bestimmte Anzahl von Stunden mitzuarbeiten (wird durch die Mitgliederversammlung festgelegt). Diese Eigenleistungen der Mitglieder tragen dazu bei, dass die finanziellen Belastungen für den Kleingärtner in der Regel sehr gering gehalten werden können. Das Spektrum der in der Mitgliedschaft vertretenen Berufsgruppen sichert in den meisten Vereinen, dass alle Arbeiten ohne Fremdleistungen ausgeführt werden können. Der Vorstand plant die Art und zeitliche Abfolge der Arbeiten. Natürlich hat die Gemeinschaftsarbeit den angesprochenen wirtschaftlichen Effekt, sie macht aber auch Spaß – man lernt andere Kleingärtner kennen und sie trägt dazu bei, dass nicht nur der eigene Garten schön ist. Und danach lässt es sich doppelt so gut gemeinsam feiern!

↓ *Es müssen nicht immer teuere Spielgeräte sein: Ist das Weidengeflecht erst einmal begrünt, dann ist es Laube im wahrsten Sinne des Wortes und Spielplatz zugleich.*

RADIESCHEN

Mai

Nach den **Eisheiligen** geht die Pflanzzeit richtig los. Überall sieht man blühende Obstbäume, **Rhododendren** und Kleingärtner, die ihre Gärten hegen und pflegen. Endlich erwachen auch die empfindlichsten Kübelpflanzen aus ihrem Winterschlaf und zeigen, was sie dieses Jahr vorhaben. Wie wäre es im Wonnemonat mit einer ersten Gartenparty? **Waldmeister-Bowle**, Rhabarberkuchen und vielleicht schon die ersten Erdbeeren verwöhnen die Gäste.

↑ *Ein Regenmesser eignet sich zur späteren Steuerung der Bewässerungsmenge. Man misst mit ihm die ausgebrachte Wassermenge über einen Zeitraum und weiß dann, wie lange der Regner laufen muss.*

↑ *Tröpfchenbewässerung ist wassersparend, da das Wasser durch Tropfschläuche direkt zur Pflanze geführt und genau dosiert in den Wurzelbereich getropft wird. Trockene Pflanzen sind weniger anfällig für Pilzkrankheiten.*

↓ *Regenwassersammelbehälter sind eine preiswerte Wasserquelle. Das Wasser ist besonders gut zum Gießen kalkempfindlicher Arten wie Heidelbeeren oder Rhododendren geeignet.*

Der Kleingarten im Mai

Ab Mai steigt mit höheren Temperaturen auch der Wasserbedarf der Pflanzen. Deshalb ist für ein optimales Wachsen eine Zusatzbewässerung notwendig.

Gute Wasserversorgung

Zeitpunkt und Menge der Wassergaben hängen außer von Pflanzen- und Bodenart vom Humusgehalt des Bodens ab. Sandiger Lehmboden kann bis zu drei Mal mehr Wasser speichern als Sandboden. Da Humus auch Wasser speichert, fördert eine Erhöhung des Humusgehaltes durch Kompost und Gründüngung die Aufnahme von Wasser. Um den Verbrauch zu reduzieren, sollte in den frühen Morgen- oder Abendstunden bewässert werden. Mit jeder Zusatzwassergabe muss die durchwurzelte Zone durchfeuchtet werden: auf leichten Böden werden 15 bis 20 l/m², auf schweren Böden 20 bis 25 l/m² benötigt. Bei einer täglichen Verdunstung von 2 bis 3 l/m² ist dann eine wöchentliche Bewässerung ausreichend. Für eine wassersparende Bewässerung gibt es Bewässerungscomputer, die mit einem Bodenfeuchtesensor gekoppelt werden können. Die Bewässerung erfolgt hier durch Regner oder wassersparende Tröpfchenbewässerung.

Mulchen

Auf mit schwarzer Folie oder organischem Material gemulchten Beeten verdunstet nicht so viel Wasser. Wurde stickstoffarmes Mulchmaterial wie Stroh oder Rinde verwendet, benötigen die Mikroorganismen zur Umsetzung mehr Stickstoff. Es müssen zusätzlich 2 bis 3 g/m² Stickstoff gedüngt werden.

Gemüse & Kräuter

Die aufgelaufenen Aussaaten und frischen Pflanzungen verlangen viel Aufmerksamkeit: Vereinzeln, Wässern, Kopfdüngungen und Hacken gehören jetzt zu den Haupttätigkeiten.

Da im Mai immer noch mit Kaltlufteinbrüchen gerechnet werden kann, sollten wärmebedürftige Gemüsearten erst zu Monatsmitte bzw. -ende ins Freiland gepflanzt werden. Es lohnt sich, Gemüse und Kräuter mit hohem Wärmebedarf oder einer langsamen Jugendentwicklung, beispielsweise Artischocken, vorzuziehen und auszupflanzen.

Buschbohnen kontra Saatfliegen

Buschbohnen liegen bei Minimum-Keimtemperaturen von 10 °C sehr lange im Boden und werden durch Schädlinge und Krankheiten dezimiert. Wird der erste Satz deshalb Anfang Mai in Töpfen vorgezogen, entwickeln sich kräftige Pflanzen. Mitte Mai ausgepflanzt und angehäufelt, wachsen sie zügig weiter. Die Ernte beginnt dann Anfang Juli.

Gesunde Tomaten-Vielfalt

Mitte Mai ist Pflanzzeit für Freilandtomaten. Es gibt zahlreiche alte und neue Sorten mit guten Krankheitstoleranzen und -resistenzen: Fleischtomaten, längliche Romatypen, eier- oder birnenförmige Tomaten, Partytomaten, Cherrytomaten, gelbe, orangefarbene, rote, violette, grün gestreifte Früchte und viele mehr. Verwendet man gebrauchte Tomatenpfähle, müssen

Kraut- und Braunfäule an Tomaten

Um Tomaten vor der Kraut- und Braunfäule (Phytophthora) zu schützen, sollten Sie die Pflanzen nach dem Auspflanzen mit einem Regendach überbauen. Die Pilzkrankheit tritt immer dann auf, wenn die Blätter nach Niederschlägen längere Zeit feucht bleiben. Ein Befall zeigt sich zunächst durch braune Blattflecken. Später trocknen die Blätter ein beziehungsweise gehen in Fäulnis über, bis schließlich auch die Früchte befallen werden.

↓ Der Mai ist Erntezeit von frühen Radies und Kopfsalat. Abgeerntete Beete sollten sofort neu bestellt werden. Geeignet ist z. B. der zur Familie der Gräser gehörende frühe süße Zuckermais.

↑ *Gemüse, auf schwarze Mulchfolie gepflanzt, wächst zügiger, da die Bodentemperatur stabiler bleibt. Außerdem wird das Unkrautwachstum aufgrund des Lichtmangels unterdrückt und die Verdunstung reduziert.*

↑ *Auch Strohmulch hält die Bodenwärme und -feuchte und schützt vor pilzlichen Erkrankungen. Es muss aber zusätzlich zur Versorgung der Mikroorganismen mit Stickstoff gedüngt werden.*

diese, um Krankheiten vorzubeugen, vorher desinfiziert werden (z. B. in mind. 70 °C heißem Wasser). Stabtomaten werden im Abstand von 50 × 70 cm in gut mit organischer Substanz versorgten Boden gepflanzt. Die Jungpflanzen sollten etwa 20 cm hoch, kräftig, gut abgehärtet sein, einen sichtbaren Blütenstand und gut durchwurzelten Ballen haben. Sie werden tiefer ins Beet gesetzt, als sie vorher im Topf standen, da sie dann Seitenwurzeln bilden, anschließend gut angedrückt und angegossen.

Gurken und Zucchini

Einlege- und Salatgurken haben mit optimalen Keimtemperaturen von 25 bis 28 °C einen noch höheren Wärmebedarf als Bohnen. Werden sie Mitte Mai ins Freiland gesät oder gepflanzt, reicht die Wärme für ein schnelles Wachstum häufig nicht aus. Deshalb ist es besser, die Beete zu düngen (Kompost, verrotteter Stallmist oder mineralischer Mehrnährstoffdünger), gut zu bewässern und schwarze Mulchfolie aufzulegen. Die vorgezogenen Gurken (möglichst Sorten mit hoher Mehltautoleranz) werden in die geschlitzte Mulchfolie gepflanzt und mit einem dünnen Vlies (17 g/m²) geschützt. So entwickeln sie sich schnell, und noch im Juni können die ersten Ernten erfolgen, bevor der gefürchtete Falsche Mehltau zuschlägt. Zucchini, Rondini und Patisson, die ähnlich wie Gurken verwendet werden können, sind weniger anfällig gegenüber Krankheiten, wenn virusresistente Sorten gewählt werden. Sie vertragen niedrigere Temperaturen als die Gurke. Ende Mai in warmen, humusreichen und nährstoffreichen Boden im Abstand von 1 × 1 m bis 1,2 × 1,2 m gesät, entwickeln sich schnell üppige Pflanzen. Die verschiedensten Formen des Winterkürbisses können jetzt ebenfalls ausgesät werden.

den. Gurken sollten immer in einem abgetrennten Bereich stehen, da sie andere Luftfeuchte-Ansprüche haben. Wichtig ist, nicht zu eng zu pflanzen, damit das Auftreten von Krankheiten reduziert wird.

Basilikum, Majoran, Fruchtsalbei – Kräuter aus warmen Gegenden

Viele unserer beliebtesten Kräuter kommen aus dem Mittelmeerraum, Asien oder Mittelamerika. Sie sind häufig nicht winterhart und benötigen zur Keimung Bodentemperaturen über 10 °C. Deshalb werden Basilikum, Majoran und die fruchtigen Salbeiarten wie Ananas-, Honigmelonen- oder Orangensalbei ab Mitte Mai gepflanzt bzw. in warme, sonnige Beete ausgesät.

↑ *Kapstachelbeeren* (Physalis peruviana) *und die verwandte Ananaskirsche* (Physalis pruinosa) *bringen in warmen Sommern, in nährstoffreichen Boden oder Kübel gepflanzt, ab August reife Früchte.*

↓ *Basilikum liebt lockeren, humusreichen, gut gedüngten, feuchten Boden und einen warmen, sonnigen Platz. Eine Vielzahl von Arten und Sorten wächst bei Temperaturen über 10 °C auch im Freiland.*

Gemüse mit hohen Temperaturansprüchen

Kapstachelbeeren, Paprika, Melonen und Auberginen haben eine sehr langsame Jugendentwicklung und einen noch höheren Temperaturanspruch als Tomaten. Es sollten nur starke Jungpflanzen mit Blütenansätzen gepflanzt werden, um den Erntebeginn zu beschleunigen. Wenn kein Gewächshaus oder Folienzelt zur Verfügung steht, müssen frühe Sorten ausgewählt werden – sie haben eine kürzere Entwicklungszeit. So eignen sich frühe, spitze Gemüsepaprikasorten und einige scharfe Paprikasorten für den Anbau in schwarzer Mulchfolie oder in Kübeln. Auch Kapstachelbeeren und Ananaskirschen wachsen, gut vorkultiviert, im Freiland. Schlangengurken, Minisalatgurken, Zuckermelonen, Auberginen und besonders Wassermelonen haben noch höhere Temperaturansprüche und sollten geschützt unter Glas oder Folie gepflanzt wer-

Obstgarten

Richtig bewässern

Die Wasseransprüche der Obstarten sind unterschiedlich: Hohe Ansprüche stellen Apfel, Pflaume und Johannisbeere. Mit abnehmendem Bedarf folgen die übrigen Beerenbobstarten, Süßkirsche, Birne, Pfirsich, Aprikose und Sauerkirsche. Entscheidend ist die verfügbare Niederschlagsmenge in den Monaten Mai bis September. Diese beträgt bei Apfel etwa 400 mm (60 % von 700 mm Jahresniederschlag) bei einer Durchschnittstemperatur von 16 °C und erhöht sich je Grad Temperaturanstieg um 80 mm. Pfirsich, Aprikose und Sauerkirsche begnügen sich bereits mit 500 mm Jahresniederschlag, also 300 mm während der Vegetationszeit. In den Sommermonaten benötigt ein Obstbaum täglich 4 bis 5 mm Wasser, d. h. 4 bis 5 Liter/m^2. Ein Gewitterregen von 20 bis 25 mm ist also innerhalb von vier bis sechs Tagen verbraucht. Der Wasserbedarf von Unterkulturen oder Rasen ist zusätzlich zu berücksichtigen. Ein Regenmesser hilft, die Menge an Niederschlägen festzustellen (s. S. 46). Zweckmäßig ist es, den Feuchtigkeitsgehalt des Bodens mit einem handelsüblichen Feuchtemessgerät zu bestimmen. Als praktikabel gilt auch die Handprobe: Eine aus 5 bis 10 cm Tiefe entnommene Handvoll Erde zusammendrücken – bleibt die Erde nach Öffnen der

↓ *Gemulchte Baumscheiben begünstigen Wachstum und den Ertrag der Gehölze. Die Mulchschicht sollte ca. 10 cm hoch sein und als Dauerschicht liegen. Eine Unterbrechung des Mulchens ist schädlich.*

Apfelwickler

Mitte Mai beginnt der Flug des Apfelwicklers. Seine Larven fressen in den Früchten, was große Schäden verursacht. Um die Larven vor dem Einbohren bekämpfen zu können, sollte man jetzt Pheromonfallen aufhängen.

Sie dienen dazu, den Flug der Weibchen und damit den richtigen Zeitpunkt für eventuelle Spritzmaßnahmen zu ermitteln (vom Schlüpfen der Larven bis zu ihrem Einbohren in die Früchte). Ab Juni können auch Kärtchen mit Eiern der nützlichen Erzwespe Trichogramma in den Bäumen ausgebracht werden.

↑ *Vor der Blüte bewässerte Erdbeeren werden durch Vlies gegen Spätfröste geschützt. Das Material sollte allerdings nicht direkt auf den Pflanzen aufliegen.*

↑ *Das Mulchen von nach der Blüte bewässerten Erdbeeren mit schwarzer Folie mindert Verdunstung und Grauschimmel, hemmt Unkrautwuchs und schützt die reifenden Früchte vor Verschmutzung.*

Hand zusammen, ist ausreichend Wasser vorhanden. Fällt der Ballen auseinander, muss bewässert werden. Wichtig für die Früchte ist eine beständige Wasserverfügbarkeit. Wassermangel bewirkt vorzeitigen Triebabschluss, Fruchtfall, unzureichende Fruchtgrößen und Geschmacksausbildung sowie mangelhafte Blütenknospenanlage für das nächste Jahr. Folgt nach einem Wassermangel ein plötzliches reiches Angebot, kann das zum Platzen der Früchte bzw. zu Neuaustrieb mit nachfolgend schlechter Holzausreife und Frostschäden im Winter führen. Eine Beregnung ist nur bei hohen Baumformen empfehlenswert, bei niedrigen Gehölzen begünstigt eine zusätzliche Benetzung der Blätter das Auftreten von Pilzinfektionen. Zusätzliche Wassergaben müssen mindestens den gesamten Kronenbereich befeuchten und mit 20 mm die Hauptwurzelzone erreichen. Nur in Stammnähe zu gießen, ist unzweckmäßig. Auf Lehmböden bietet es sich an, Furchen zu ziehen, in die das Wasser eingeleitet wird. Auf Sandböden ist ein Verlegen von Bewässerungsschläuchen mit nach unten weisenden Wasseraustrittsöffnungen empfehlenswert. Tröpfchenbewässerung ist bei kleinen Baumformen wie Spindeln ideal.

Seien Sie auf der Hut!

Kontrollieren Sie ständig auf Schadsymptome. Tierischen Schädlingen ist mit mechanischen Mitteln zu begegnen: ablesen, abspritzen, zerquetschen. Pilzliche Schaderreger wie Schorf und Monilia sollten ebenfalls bekämpft werden.

Nicht vergessen!

Boden bearbeiten, Blüten bei Spätfrostgefahr schützen, Blindtriebe bei Reben, Kiwi und Brombeere einkürzen. Zu starken Fruchtansatz bei Pfirsich, Aprikose und Pflaume ausdünnen.

Ziergarten

Dauerthema Rasenpflege

Die im April mit einem Rasenkurzschnitt begonnene Rasenpflege wird kontinuierlich in der ganzen Vegetationsperiode, entsprechend den Wuchseigenschaften, wiederholt. Durch den erforderlichen Schnitt wird das Bestocken des Rasens angeregt. Nach dem Rasenschnitt ist gründlich zu wässern und zu düngen. Rasenunkräuter wie Disteln, Löwenzahn oder Sauerampfer werden mit der Hand durch Ausstechen entfernt. Hat man einzelne Pflanzen oder Inselbeete in die Rasenfläche integriert, ist beim Mähen Vorsicht geboten.

Start in die Terrassen-Saison

Nach den Eisheiligen können die letzten Kübelpflanzen ins Freie geräumt werden. Gartencenter und Baumärkte haben ein umfangreiches Angebot an Balkon- und Kübelpflanzen. Beim Pflanzenkauf sind folgende Kriterien zu berücksichtigen: Abhärtungsgrad, Sortenechtheit (eine Knospe sollte bereits Farbe zeigen), einheitlicher Bestand, Ernährungszustand der Pflanze, Knospenbesatz, gute Durchwurzlung des Anzuchtgefäßes und keine Beschädigungen, Schädlinge oder Krankheiten. Die erworbenen Kübelpflanzen sind umzutopfen, da sie aus Platz- und Transportgründen in der Regel in viel zu kleinen Containern stehen. Bei der Auswahl der Pflanzgefäße sollten folgende Eigenschaften erfüllt werden: großes Erdvolumen, geringes Gewicht, lange Haltbarkeit, Frostwiderstandsfähigkeit, Pflanzenverträglichkeit und Lichtstabilität.

↓ Eine gemütliche Gartenlaube gehört unbedingt zum ersehnten Kleingarten dazu. Der Fantasie bei der dekorativen Pflanzenzuordnung sind keine Grenzen gesetzt, wenn man bei der Pflanzenauswahl die Pflanzhöhen, Farbkombinationen und ihre unterschiedlichen Blühzeitpunkte in den Sichtachsen berücksichtigt.

→ *Holz ist als Material für Kübel und Kästen zu empfehlen und für jede Pflanzenart geeignet.*

Verblühte Blütenstände beim Flieder entfernen

Schon während der Blütezeit bilden sich unterhalb der Fliederblüte wenige neue Blatttriebe, an denen sich am Ende die Knospen der nächstjährigen Blüten entwickeln. Die verblühten Rispen sollte man vorsichtig ausschneiden oder ausbrechen, sonst kommt es zur Entwicklungshemmung der neuen Triebe.

Heidekräuter zurückschneiden

Calluna- und *Erica-*Arten sind nach der Blüte, je nach Art, um die Hälfte bis zu Zweidrittel zurückzuschneiden. So erzielt man schöne dichte Büsche, die jährlich blühen, und verhindert ein Auseinanderfallen der Pflanzen.

Entfernen von Wildtrieben bei Rosen

Bei Busch- und Hochstammrosen entwickeln sich unterhalb der Veredlungsstelle oft Wildtriebe, die an ihrer Basis entfernt werden sollten, sobald sie sichtbar werden. Da die Veredlungsstelle meist unter der Erdoberfläche liegt, ist die Erde vorsichtig zu entfernen und anschließend wieder aufzufüllen. Bei Kletterrosen ist ebenfalls auf Wildtriebe zu achten.

Bodenabdeckung

Mit einer Bodenabdeckung aus Rindenmulch, Torf oder Stalldung kann man sich viel Arbeit ersparen (Unkrautwuchs wird unterdrückt) und die Bodenfruchtbarkeit erhöhen. Mit einer 5 bis 10 cm hohen Abdeckung wird die Bodenfeuchtigkeit erhalten, da die Verdunstung stark eingeschränkt wird. Eine zu starke Erwärmung des Bodens wird verhindert und dadurch werden gleichzeitig starke Temperaturunterschiede zwischen Tag und Nacht verringert. Der Boden wird locker und krümelig – ein typischer Erdgeruch ist wahrzunehmen. Laub und Grasmahd sollten

Sternrußtau an Rosen

Bei feuchter Witterung leiden Rosen oft unter Sternrußtau. Die Pilzkrankheit zeigt sich durch violettschwarze Blattflecken, die vom Rand her sternförmig gezackt sind. Befallene Blätter verfärben sich sehr schnell gelb und fallen ab. Entfernen Sie kranke Blätter frühzeitig. Vermeiden Sie es außerdem, die Pflanzen über Kopf zu bewässern.
Bei anhaltend feuchter Witterung helfen Fungizidspritzungen.

Frostempfindliche Sommerblumen

Nach den letzten Spätfrösten können nun auch die frostempfindlichen Arten am gewünschten Ort ausgepflanzt und -gesät werden. Zweijährige wie Goldlack, Marien-Glockenblume und Roter Fingerhut müssen für die Blüte im nächsten Jahr ausgesät werden. Auf einem windgeschützten sonnigen Aussaatbeet ist der Samen breitwürfig auszubringen. Die einzelnen Samenkörner sollten so weit voneinander entfernt liegen, dass die sich daraus entwickelnden Pflanzen später genügend Platz haben. Das Saatgut ist fein zu bedecken und ausreichend feucht zu halten.
Zwiebeln und Knollen sommerblühender Zwiebelblumen werden jetzt in Pflanzlöcher gelegt (Pflanztiefe je nach Art/Sorte, s. unten). Bei hohen Sorten Stäbe mit einsetzen.

↑ *Nach den Eisheiligen können die frostempfindlichen Sommerblumenarten ausgepflanzt werden. Die gut durchwurzelten Pflanzen lassen sich mit anderen Pflanzen, z. B Stauden oder Kräutern, kombinieren.*

↓ *Jetzt sommerblühende Zwiebeln pflanzen: 1. Freesie, 2. Ranunkel, 3. Gladiole, 4. Blumenrohr, 5. Begonien, 6. Asiatische Lilie, 7. Trompeten-Lilie, 8. Zwerg-Dahlie, 9. Großblumige Dahlie, 10. Montbretie.*

besser nicht als Mulch verwendet werden, da sie eine sehr schlechte Luftzirkulation aufweisen und es dadurch zur Schimmelbildung und Fäulnis kommt.

Pflege der Stauden

Im Austrieb befindliche Stauden sollten sparsam gedüngt werden. Der Boden, falls er nicht abgedeckt ist, wird gehackt oder gegrubbert. Neben der Bodendurchlüftung wird so auch die Keimung von Unkräutern vermindert. Hochwachsende Stauden bekommen mit Pflanzenstützen oder Stäben Halt. Verwelkte Blätter, angebrochene Pflanzenteile und kranke oder befallene Triebspitzen sind aus dem Bestand zu entfernen.

↑ *Wer könnte dieser Sommer-Einladung zu einem gemütlichen zweiten Frühstück im Garten widerstehen? Ein schattiges Plätzchen findet sich in jedem Garten …*

Vereinsleben

Die Kolonie füllt sich mit Leben

Die explodierende Vegetation erweckt neue Lust am Garten und vermittelt jedes Jahr neu Lebensfreude. Auch das Vereinsleben kommt wieder in Schwung, insbesondere dann, wenn Veranstaltungen organisiert werden.

Man hat sich über Monate entweder nur kurz oder gar nicht gesehen, zumindest kaum über den Gartenzaun intensiv austauschen können. Kein Wunder, dass man die jahreszeitlich bedingten „eingefrorenen Beziehungen" wiederbeleben will. So manches hat sich geändert, so manches hat man in den zurückliegenden Monaten erlebt. Man hat sich gegenseitig etwas zu erzählen. Das macht sich natürlich am besten in gemütlicher Runde. Da gibt es Treffen sowohl auf der Nachbarschafts- als auch auf der Vereinsebene, so gestaltet, dass für Alt und Jung, vom Kleinkind bis zum Großvater, etwas geboten wird – sei es Kinderfest, Frauen-Stammtisch oder Skatrunde.

Dass Kleingärtner gesellig sind, ist bereits aus den Gründerjahren überliefert. Diese Geselligkeit war damals Ausdruck der Integrationsbestrebungen der Neubürger, die in die Städte strömten. Heute sind die Veranstaltungen eine Möglichkeit, im Verein eine familiäre Atmosphäre zu schaffen. Jeder der Lust hat, ist herzlich willkommen.

Besonders beliebt ist der Tanz in den Mai, der in der Regel am Abend des 30. April auf dem Programm steht – mit Getränken, leckerem Essen, Musik und Tanz, zum Teil gehört auch das Aufstellen eines Maibaums am Nachmittag mit dazu.

↓ *Ein „Hausbaum" schafft Atmosphäre: im Frühjahr mit belebendem Blütenflor, im Sommer mit angenehmem Schatten und im Herbst mit köstlichen Früchten.*

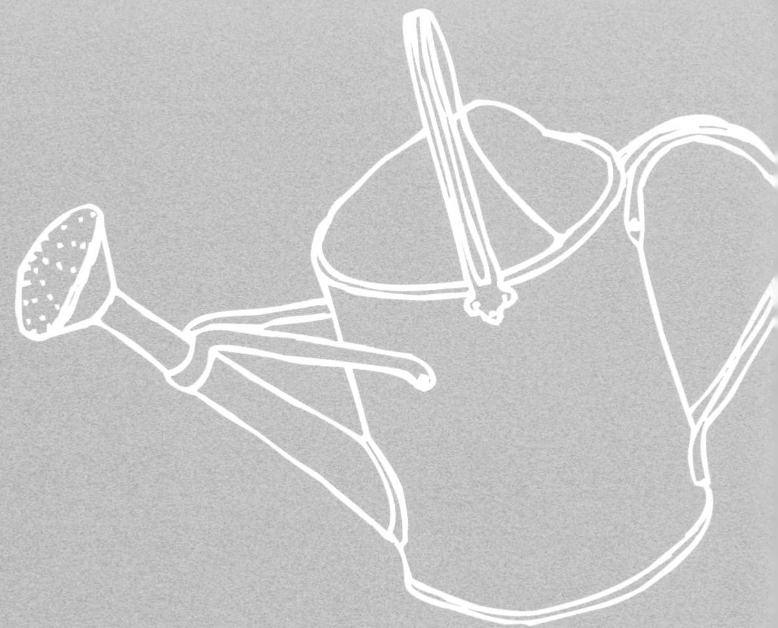

Juni

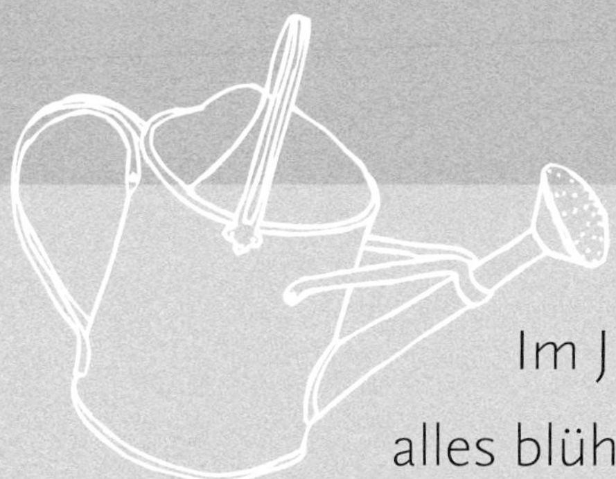

Im Juni zeigt der Garten seine farbenprächtige Schönheit, alles blüht und steht im vollen Saft. Bienen, **Schmetterlinge**; Junikäfer & Co. sind gern gesehene Besucher. Der Monat steht im Zeichen der Farbe Rot – Erdbeeren und Johannisbeeren, **Pfingstrosen**, Lilien und Mohn erfreuen alle Sinne. Und entfaltet die Sonne ihre ganze Kraft, spenden Bäume und Sträucher kühlen Schatten. Jetzt sind die Tage am längsten – **genießen** Sie es!

↑ *Eine gute Hilfe, um im Lauf der Jahre einen üppigen Garten mit gesunden Pflanzen zu erhalten, ist das Führen eines Gartentagebuches. Es dient zum Beobachten und Sammeln von Erfahrungen z. B. zur Sortenwahl, zur Fruchtfolgegestaltung, zum Mischanbau von miteinander verträglichen Kulturen, zur Nährstoffversorgung und zum Schutz vor Schädlingen und Krankheiten*

Der Kleingarten im Juni

Wenn im Juni die ersten Beete abgeerntet sind, darf der Boden nicht ohne Pflanzendecke bleiben, sonst werden Nährstoffe ausgewaschen, die Bodenfruchtbarkeit leidet und die Humusschicht wird weggespült. Ist kein Gemüse als Nachfrucht geplant, kann mit dem Anbau von Gründüngungszwischenfrüchten begonnen werden. Die Gründüngung erfüllt im Garten vielfältige Aufgaben. So kann die Fruchtfolge mit Arten, die nicht zu den häufig angebauten Arten gehören, aufgelockert werden. Dem Boden wird organische Substanz zugeführt. Durch eine entsprechende Artenwahl können bodenbürtige Schaderreger reduziert werden. Tiefwurzler lockern verdichteten Boden. Leguminosen (Schmetterlingsblütler) binden mit Hilfe von Knöllchenbakterien Luftstickstoff und helfen, den Einsatz von mineralischem Stickstoffdünger zu reduzieren. Blühende Gründungspflanzen wie Phacelia fördern Nützlinge. Gründüngungspflanzen kommen aus verschiedenen Familien und haben deshalb unterschiedliche Eigenschaften. Kreuzblütler wie Ölrettich oder Senf wachsen schnell und bilden viel grüne Masse. Nachteilig ist, dass sie mit einer Vielzahl unserer Gartenpflanzen wie Kohl, Rettich und Levkojen verwandt sind. Nach Senf können im nächsten Frühjahr auf dem Beet z. B. keine Radieschen angebaut werden. Gut geeignet sind Schmetterlingsblütler wie Lupinen, Seradella oder Klee, da sie Stickstoffsammler sind, den Boden tief lockern und gut bedecken. Nach Bohnen oder Erbsen können sie aber wegen der gleichen Familienzugehörigkeit nicht angebaut werden. Um

Geeignete Gründüngungspflanzen

Art	Familie	Aussaatzeitraum	Eigenschaften
Senf	Kreuzblütler	Mitte März bis Mitte September	gegen Bodennematoden
Ölrettich	Kreuzblütler	Anfang August bis Ende September	viel Grünmasse
Seradella	Schmetterlingsblütler	Mitte Mai bis Mitte August	Stickstoffsammler, für leichte Böden
Lupine	Schmetterlingsblütler	Mitte Mai bis Anfang August	Stickstoffsammler
Klee	Schmetterlingsblütler	Mitte März bis Anfang September	Stickstoffsammler, frosthart
Phacelia	Wasserblattgewächse	Anfang April bis Anfang September	Bienenweide
Tagetes	Korbblütler	Mitte Mai bis Mitte Juli	gegen Bodennematoden
Ringelblume	Korbblütler	Mitte Mai bis Mitte Juli	gegen Bodennematoden
Buchweizen	Knöterichgewächse	Mitte Mai bis Mitte Juli	viel Grünmasse

↑ *Tagetes und Ringelblumen als Gründüngung haben eine sehr gute Wirkung gegen schädliche Bodennematoden, die sich sonst besonders durch häufigen Kartoffel- und Tomatenanbau im Boden anreichern.*

Fruchtfolgefehler zu vermeiden, sind in diesem Fall Tagetes, Ringelblumen, Phacelia, Buchweizen (darf keine Samen ausbilden) oder Malven besser geeignet. Auch Kapuzinerkresse, die viel organische Substanz bildet, ist eine gute Gründüngungspflanze.

Viel grüne Masse – was nun?

Der häufigste Fehler ist, dass die Gründüngung zu tief eingegraben wird und die Masse fault. Ebenso ungünstig ist es, die Gründüngung bei warmem Wetter einzugraben. Dann setzen Bodenlebewesen die Pflanzen schnell um, die Nährstoffe werden frei und mit Regen oder Bewässerung ausgewaschen. Besser ist es, die grüne Masse anwelken zu lassen und sie zu kompostieren. Die Gründüngung kann aber auch auf dem Beet stehen bleiben, im Herbst abfrieren und dann im Winter oder Frühjahr eingegraben werden. So werden die Nährstoffe für das nächste Jahr konserviert.

Schnecken

Feuchte Witterung begünstigt das Auftreten von Schnecken. Als Gegenmaßnahme empfiehlt es sich zunächst, die Tiere abzusammeln. Ausgelegte Bretter, die als Unterschlupf dienen, erleichtern ein Auffinden. Damit keine weiteren Schnecken zuwandern, können Schneckenzäune aufgestellt werden. Bierfallen, die Schnecken anlocken, wirken vor allem innerhalb einer Einzäunung. Zur direkten Bekämpfung lässt sich Schneckenkorn streuen.

↑ Stabtomaten werden für frühe Ernten eintriebig gezogen. Deshalb muss jeder kleine Seitentrieb ausgebrochen (ausgegeizt) werden und der Haupttrieb an einem Stab oder einer Schnur aufgeleitet werden.

↓ Hacken ist im Sommer die wichtigste Bodenbearbeitung. Es fördert die Bodendurchlüftung. Das Bodenwasser verdunstet nicht so schnell und das Auflaufen der Unkräuter wird reduziert.

↑ Durch das Anhäufeln erhöht sich die Standfestigkeit der Pflanzen. Kopfsalat, Kohlrabi und Sellerie vertragen das aber nicht, sie bilden dann keine festen Köpfe bzw. Knollen.

↓ Bei einer flachen Bodenbearbeitung zwischen den Pflanzen werden Unkräuter entfernt, die mit den Kulturpflanzen um Nährstoffe und Wasser konkurrieren oder Schädlinge anlocken.

Gemüse & Kräuter

Der Juni ist sowohl Hauptwachstumsmonat als auch Erntemonat im Gemüsegarten.

Pflegearbeiten im Freiland und Gewächshaus

Ist auf ungemulchten Beeten bewässert worden oder hat es stärker geregnet, sollte man die Beete danach flach hacken. Einige Gemüsearten wie Bohne, Erbse, Porree, Brokkoli und Blumenkohl können dabei angehäufelt werden. Erbsen und Bohnen sollten während der Blütezeit etwas trockener stehen und erst ab dem Fruchtansatz stärker bewässert werden. Zeigen sich bei frühem weißem Blumenkohl Kopfansätze, werden die Außenblätter nach innen eingeknickt, damit die Blumen sich nicht durch Licht gelb verfärben. Mittelfrühe und späte Sorten bilden mehr Blätter, die sich gut um die Blumen drehen und sie schützen. Grüner und violetter Blumenkohl sowie Brokkoli brauchen diese Behandlung nicht, sie benötigen Sonne zur Bildung von Inhaltsstoffen wie Chlorophyll und damit zur Farbausbildung.

Für Stark- und Mittelzehrer, z. B. Blumenkohl oder Tomaten (s. S. 122), reicht die Startdüngung zur Aussaat oder Pflanzung jetzt nicht mehr aus. Sie erhalten während der Kopf- oder Fruchtbildung noch ein bis zwei Kopfdüngungen mit einem Stickstoffdünger. Dazu eignen sich organische und mineralische Dünger mit schnell wirkendem Stickstoff wie feines Hornmehl oder Kalkammonsalpeter.

Stabtomaten brauchen jetzt viel Pflege. Sowohl im Gewächshaus als auch im Freiland müssen sie regelmäßig auf Seitentriebe kontrolliert werden. Sie werden von Hand ausgebrochen, denn durch ein Abschneiden mit dem Messer könnten Viruskrankheiten von Pflanze zu Pflanze übertragen werden. Der Haupttrieb wird entweder um eine Schnur, Draht bzw. Spiralstab gewickelt oder unter jedem Blütenstand an einem Stab befestigt. Im Gewächshaus müssen die Pflanzen für einen guten Fruchtansatz bei warmen Wetter gerüttelt werden – Tomaten werden durch Wind oder Insekten bestäubt –, damit der Pollen in die Blüten gelangt. Bei Temperaturen über 34 °C stirbt der Pollen, die Blüten rieseln und die Pflanzen setzen keine Früchte an. Regelmäßiges Lüften hilft, damit die Temperaturen nicht längere Zeit über 30 °C liegen. Wenn der erste Fruchtstand reift, können die unteren Laubblätter entfernt werden, um das Auftreten von pilzlichen Blattkrankheiten einzudämmen.

Gurken, Melonen und Auberginen, im Folienzelt oder Gewächshaus angebaut, vertragen höhere Temperaturen als Tomaten. Bei starker Sonneneinstrahlung ist es für das Wachstum der Pflanzen besser, sie zu schattieren. Zwischen die Gurkenpflanzen können Gefäße mit Wasser gestellt werden, um die Luftfeuchte zu erhöhen. Der Gurkenhaupttrieb wird in 2 m Höhe entspitzt, Seitentriebe ohne Fruchtansatz sollten gestutzt und nur die unteren Stammgurken entfernt werden.

Folgesaaten und späte Pflanzungen

Sind die Beete mit Frühgemüse abgeerntet, sollten sie sofort neu bestellt werden. Dabei sind die Fruchtfolgeprinzipien zu beachten, es darf z. B. auf Blumenkohl kein Brokkoli folgen. Nur bis maximal Mitte Juni können Spätgemüse wie Rosenkohl, Porree und späte Sorten von Wirsing, Weiß-, Rot- und Blumenkohl gepflanzt werden, damit sie noch einen ausreichenden Wachstumszeitraum haben. Abgeerntete Erbsen- oder Bohnenbeete sind dafür gut geeignet.

↑ *Ab Mitte Juni kann Mangold geerntet werden. Nimmt man nur die äußeren Blätter, wächst er nach. Nach jeder Ernte muss er allerdings eine Stickstoffkopfdüngung erhalten und bewässert werden.*

↓ *Beginnt Mitte bis Ende Juni das Kartoffelkraut abzusterben, startet die Ernte der Frühkartoffeln. Sie werden nach Bedarf gerodet und schmecken frisch mit der Schale zubereitet am besten.*

Pflanzt man im Juni Kopf- oder Eissalat, ist besonders darauf zu achten, spezielle Sommersorten zu verwenden. Sie schießen bei den Langtagsbedingungen im Sommer nicht so schnell in die Blüte. Besser ist es, im Sommer Schnitt- oder Pflücksalate auszusäen. Wenn die Blätter ohne das Herz fortlaufend gepflückt und die Pflanzen regelmäßig bewässert werden, wächst der Salat über den Sommer gut nach.
Auch Salatspezialitäten wie Eiskraut, Rucola und Asiasalate sind einen Versuch wert: wöchentlich aussäen.
Anfang Juni können auf einem separaten Freilandbeet auch noch Aussaaten zur Anzucht von Kopfsalat, Kohlrabi, Blumenkohl und Brokkoli durchgeführt werden. Geeignet sind jetzt aber nur noch frühe Sorten, da sie eine kurze Entwicklungszeit haben. Das Beet sollte mit einem Kulturschutznetz vor Schädlingen geschützt werden.

Ernteabschluss bei Spargel und Rhabarber

Damit die Pflanzen genügend Nährstoffe für das folgende Jahr einlagern können, müssen sie etwa ab dem 20. Juni ungestört wachsen können. Deshalb endet die Ernte zu diesem Zeitpunkt. Rhabarber wird weiter gewässert und bekommt eine Kopfdüngung mit einem stickstoffhaltigen Dünger. Bei Spargel werden auf schwereren Böden die Dämme eingeebnet. Auf leichten Böden bleiben sie stehen, damit die Triebe eine bessere Standfestigkeit bekommen. Anschließend wird ebenfalls bewässert und gedüngt.

Nicht vergessen!

Regelmäßig in den Morgen- oder Abendstunden bewässern, hacken. Folgesaaten von Radies, Rettich, Erbsen, Buschbohnen, frühen Möhren, Petersilie und Dill durchführen und verholzende Kräuter, z. B. Rosmarin, zurückschneiden.

Obstgarten

Erdbeeren vermehren ...

Kennzeichnen Sie reich tragende Mutterpflanzen und gewinnen Sie im Juni oder Juli (s. auch S. 75) bewurzelte Ausläufer, die bis zur Pflanzung im Topf weiterkultiviert werden. Nach vier Jahren eigener Vermehrung sollte frisches Pflanzgut von anerkannten Vermehrungsbetrieben angekauft werden.
Rankenlose Monatserdbeeren fruchten von Mai bis zum Frostbeginn. Ihre Vermehrung erfolgt durch abgefallene Samen. Deshalb darf im Umfeld der fruchtenden Pflanzen keine Bodenbearbeitung erfolgen.

Sobald die aufgelaufenen Keimlinge zwei bis drei kräftige Blätter entwickelt haben, werden sie pikiert und entweder noch im Spätsommer oder im folgenden Frühjahr ausgepflanzt.

... und ernten

Ein Abdecken der Pflanzen mit Netzen zum Beginn der Ernte schützt gegen Vogelfraß. Schnecken können durch ausgelegte Bretter oder Köder (Salat, Möhren) in den Zwischenreihen angelockt und aufgesammelt werden. Gepflückt werden nur voll ausgefärbte Früchte im Abstand von zwei bis drei Tagen. Erst dann entwickelt sich das volle Aroma. Die Früchte werden hinter dem Kelch am Stiel gefasst und mit dem Daumennagel durchgekniffen; nur die Monatserdbeeren werden abgezupft. Pflücken Sie nur trockene Früchte, aber nicht in der Mittagshitze.

↓ *Verschmutzte Erdbeeren sind ein Ärgernis. Vor Erntebeginn eingebrachtes Stroh bewahrt die reifenden Früchte vor Bodenkontakt. Eine Netzabdeckung hält Vögel davon ab, bei der Ernte zu „helfen".*

↓ *Nur die voll ausgefärbten Früchte werden gepflückt. Fruchtschonend wird der Fruchtstil über den Daumennagel gebrochen. Der Kelch sollte unbedingt an der Frucht verbleiben.*

Bei Trockenheit ist es nötig, innerhalb der Reihen zu gießen, allerdings ohne die Pflanzen zu befeuchten. Dauertragende Erdbeeren sind sehr anspruchsvoll und verlangen optimale Wachstumsbedingen: einen sonnigen Standort auf guten Böden und beste Pflege, insbesondere bei der Nährstoff- und Wasserversorgung. Ein guter Fruchtansatz wird durch folgende Maßnahmen unterstützt: ständiges Entfernen von Ausläufern, Begrenzung der Fruchtzahl auf drei bis fünf Früchte je Blütenstand. Ab Ende September/ Anfang Oktober werden bei Erdbeerpflanzen alle Blütenstände und Fruchtansätze entfernt.

Junifruchtfall und Ausdünnen von Hand

Im Juni erfolgt eine Selbstreinigung der Fruchtansätze. Der Junifruchtfall kann von inneren Faktoren (z. B. sortenspezifische Ursachen), aber auch von äußeren

↑ Nach Abschluss des Junifruchtfalls werden überzählige und bereits qualitativ beeinträchtigte Jungfrüchte mit der Schere entfernt. Die Maßnahme kann später noch einmal wiederholt werden.

(Witterung in der Blühphase, ungünstige Wachstumsbedingungen) ausgelöst werden. Verbleiben nach dem Junifruchtfall zu viele Früchte am Baum, sollte von Hand ausgedünnt werden. Hierbei belässt man die größten Früchte eines Fruchtstandes. Ziel ist die Herstellung eines ausgewogenen Blatt-Fruchtverhältnisses. Die Ausdünnung bewirkt zwar eine Reduzierung der Erntemenge im laufenden Jahr, gewährleistet dafür aber die Ausbildung größerer, qualitativ besserer Früchte und sichert einen ausreichenden Blütenansatz für das Folgejahr. Zweckmäßig ist ein Termin etwa 20 Tage nach dem Abfallen der Blütenblätter. Stellen Sie sicher, dass genügend Triebe ohne Fruchtansatz vorhanden sind, denn fast ausschließlich an diesen werden neue Blütenknospen ausgebildet. Ein ausgewogenes Blatt-Fruchtverhältnis besteht, wenn folgende Richtwerte eingehalten werden: bei Kernobst, Pfirsich und Nektarine sortenabhängig 20 bis

Vogelschutznetze ausbringen

Kirschen und Beerenobst können Sie bei beginnender Reife mit Netzen vor Vogelfraß schützen. Achten Sie beim Einsatz von Netzen unbedingt darauf, dass diese an der Basis dicht abschließen. So wird verhindert, dass Vögel ins Innere eindringen und sich dort verfangen. Optische Scheuchen, zum Beispiel reflektierende Metallbänder, wirken meist nur eine kurze Zeit, da sich die Vögel schnell an sie gewöhnen.

30 Blätter je Frucht = sieben bis acht Früchte je laufendem Meter Fruchttrieb. Für Pflaume gilt ein Blatt-Fruchtverhältnis von 4:1. Bei Kirsche ist ein Ausdünnen nicht möglich. Es reicht aus, wenn Ende Juni nur 15 bis 25 % der ehemaligen Blüten eine Fruchtgröße erreicht, die eine volle Ausreife erwarten lässt. Die zuerst geöffneten Kirschblüten bringen bei der Ernte die größten Früchte.

Kern- und Steinobst entspitzen

Spalier- und anderes Formobst kann erstmals entspitzt werden. Das bremst den Wuchs und begünstigt die Bildung schwächerer und verzweigter Triebe. Pfirsichspaliere entspitzen und unfruchtbare Triebe bereits jetzt auf ein Blatt zurückschneiden. Wurzelschosser an der Ansatzstelle entfernen.

Wenn es nicht regnet ...

Bei Trockenheit ist zur Sicherung des Fruchtansatzes bei Bäumen auf schwach wachsenden Unterlagen eine Bewässerung notwendig. Ihr kleines und flach verlaufendes Wurzelsystem kann in trockenen Sommern nicht das für Frucht-, Blatt- und Holzbildung benötigte Wasser bereitstellen. Eingewurzelte Bäume auf starken Unterlagen benötigen meist kein zusätzliches Wasser. Bewässerungsbedürftig sind gleichermaßen die flach wurzelnden Beerenobstarten.

Kirschfruchtfliege & Co.

Ein Ärgernis der besonderen Art ist die Kirschfruchtfliege, für deren Bekämpfung keine Pflanzenschutzmittel zugelassen sind. So bleibt nur eine Reihe von vorbeugenden Maßnahmen: Entscheidend ist die Sortenwahl. Frühreifende Sorten (1.–3. Kirschwoche) werden nicht befallen. Weitere Maßnahmen: Abgefallene Früchte aufsammeln und entsorgen, kleine Bäume zur Flugzeit mit Kulturschutznetzen einhüllen, Leimtafeln aufhängen, Bodenbearbeitung unter den Kirschbäumen. Aber auch andere Schaderreger und Pilze sind aktiv. Eine regelmäßige Kontrolle ist notwendig, denn mechanische Maßnahmen (Netze, Abspritzen, Ablesen, Zerdrücken, befallene Blätter/Triebe entfernen) sind nur bei rechtzeitigem Einschreiten wirksam. Entfernen Sie jetzt auch von Apfel-Mehltau und Kräuselkrankheit (Pfirsich, Nektarine) befallene Triebe und Blätter.

Nicht vergessen!

Bodenbearbeitung fortsetzen; bis Monatsende Restdüngermenge ausbringen (vgl. S. 27). An Reiserveredlungen Verbände lösen, sobald Veredlungen wachsen und Bast einschneidet. Ende Juni voll tragende Stachelbeeren auspflücken (Grünpflücke). Allgemeine Hinweise zur Ernte von Stein- und Beerenobst: S. 88/89.

↑ *Tafeltrauben: Das Heften der Tragreben am Spalier sorgt für Übersicht und gute Belichtung. Beim Entspitzen verbleiben vier Blätter über dem obersten Blütenstand. Geiztriebe behalten ein Blatt.*

↑ *Die üppig rosa blühende Rose zieht mit ihrem Solitärcharakter die Blicke der Betrachter auf sich und führt sie zum kleinen Horn-Veilchen* (Viola cornuta) *im Beetvordergrund.*

Beetrosen (Abb.: 'Aprikola') eignen sich als Gruppenpflanzen mit und ohne Begleitpflanzen. Sie zeigen einen buschig-aufrechten Wuchs. Wuchshöhe 50 bis 80 cm.

Edelrosen (Abb.: 'Elbflorenz') wirken in Beetgruppen mit und ohne Begleitpflanzen attraktiv; gestreckte und aufrechte Wuchsform, zwischen 60 und 120 cm hoch.

Strauchrosen (Abb.: 'Kaiser von Lautern') werden bis zu 2 m hoch; sie wachsen aufrecht und buschig. Einzelstand in Beeten, Rabatten, Gehölzpflanzungen und Rasenflächen; auch für Hecken geeignet.

Ziergarten

Rosenpflege im Sommer

Damit dem ersten Blütenflor schnell ein zweiter folgt, darf man nicht vergessen, Verblühtes zu entfernen. Beim anstehenden Blütenschnitt ist darauf zu achten, dass der Jahrestrieb nicht zu weit zurückgenommen wird: Schneiden Sie die Blütentriebe bis zum ersten starken Auge zurück. Je später der erforderliche Rückschnitt erfolgt, umso mehr verzögert sich der Neuaustrieb und damit der Beginn der neuen Blüte. Bei Kletterrosen sind ebenfalls die Blütenbüschel rechtzeitig zu entfernen. Zu beachten ist, dass die langen Jahrestriebe nicht gekürzt, sondern angeheftet werden. Zur Förderung der nachfolgenden Austriebe erhalten alle Rosenarten stickstoffreichen Volldünger, der eingehackt wird. Bei Rosenhochstämmen sollte immer wieder überprüft werden, ob sie noch richtig gegen Windbruch gesichert sind. Sie sind so fest an ihre Pfähle zu binden, dass selbst bei starkem Wind keine Reibschäden auftreten können.

Ernte der verblühten Zwiebelblumen

Wenn die Blattspitzen zu einem Drittel vergilbt sind, hebt man die Zwiebeln mit einer Grabegabel aus dem Boden. Bei restlos abgestorbenen oberirdischen Pflanzenteilen lösen sich die Brutzwiebeln vom Wurzelkranz der Mutterzwiebel und werden dann nicht komplett aus dem Boden gehoben. Die Zwiebeln können sofort an einen neuen Standort gesteckt werden. Blumenzwiebeln, die erst im Herbst gesteckt werden

Kleinstrauchrosen (Abb.: 'Celina') sind als Kübelpflanzen oder Bodendecker geeignet. Sie wachsen buschig, oft leicht überhängend und werden 35 bis 120 cm hoch.

Kletterrosen (Abb.: 'Rotfassade') können an Pergolen, Rosenbögen oder Rankvorrichtungen kultiviert werden. Ihre Triebe er-reichen eine Länge von 2 bis 3 (Climber) bzw. 9 m (Rambler).

Historische Rosen (Abb.: 'Souvenir de la Malmaison') werden 1,50 bis 2,50 m hoch; sie wachsen strauchartig, aufrecht bis überhängend und werden einzeln oder in Gruppen verwendet.

sollen, sind nach der Ernte an einem schattigen und luftigen Ort zu trocknen, sonst muss mit Schimmelbildung gerechnet werden. Direkte Sonneneinstrahlung kann zu einem Sonnenbrand an den Zwiebeln führen. Die getrockneten Zwiebeln werden geputzt. Während der Lagerung dürfen die Zwiebeln nicht feucht stehen, die Temperatur sollte bei ca. 20 °C liegen.

Laubabwerfende Gehölze schneiden

Wenn die Brutzeit der Vögel in den laubabwerfenden Hecken und Einzelpflanzen gegen Ende des Monats beendet ist, werden die Gehölze geschnitten. Dabei empfiehlt es sich, nicht bis ins alte Holz zu schneiden, sondern nur die Spitzen des Neuaustriebes zu entfernen. Um eine akkurat geschnittene Hecke zu erhalten, kann man mit straff gespannten Leinen die Schnittrichtung bzw. -höhe vorgeben.

Balkon- und Kübelpflanzen richtig pflegen

Die Kübelpflanzen haben sich inzwischen an ihren Platz draußen gewöhnt und benötigen jetzt bis in den Herbst eine angepasste Pflege. Aufgrund des geringen Substrates in den Gefäßen ist eine kontinuierliche Düngung und Wasserversorgung nötig.
Pflanzen mit langen blütenlosen Trieben werden zurückgeschnitten, um einen gedrungenen, buschigen Wuchs zu erreichen. Balkonpflanzen in Hochstammform wie Geranien *(Pelargonium zonale)*, Fuchsien *(Fuchsia × hybrida)* und Strauchmargariten *(Chrysanthemum frutescens)* sind im Lauf des Sommers zwei- bis dreimal in Form zu schneiden.

↓ *Jetzt kann gepflückt werden: Ein abwechslungsreiches Stauden- und Sommerblumensortiment ermöglicht die Gestaltung dekorativer Sommerblumensträuße – so nehmen Sie den Garten mit nach Hause.*

↑ *Bei der Gestaltung und Aufteilung eines Kleingartens werden neben den Pflanzen auch die verschiedensten Materialien, beispielsweise Holz oder Stein, miteinbezogen.*

Blütenmeer: Verblühtes entfernen

Schneiden Sie in den Blumenrabatten die abgeblühten Blütenstiele heraus – so wird die Bildung neuer Blüten gefördert. Pflanzen, die leicht Samen ansetzen, z. B. Wicken, Löwenmaul, gehen in die generative Phase über und treiben nicht mehr ausreichend aus. Nach einem Rückschnitt kommt es zu stärkerem Austrieb und neuen Blüten – die Blütezeit wird bis zum Herbst verlängert.

Stauden teilen und verpflanzen

Im Frühjahr blühende Stauden, die bereits vier oder fünf Jahre am gleichen Standort standen, sollten jetzt geteilt und an einen anderen Platz umgepflanzt werden. Die Teilung fördert Blühwilligkeit und Blütengröße. Die im Juni geteilten und umgepflanzten Stauden entwickeln sich bis zum Frosteintritt im Herbst so kräftig, dass sie bereits im darauffolgenden Frühjahr den vorgesehenen Standort ausfüllen.

Nicht vergessen!

Hochwachsende Dahlien sollten vor einem Windbruch geschützt werden, indem man sie beispielsweise an Stäbe bindet: Stäbe vorsichtig in den Boden stecken, um die Dahlienknollen nicht zu beschädigen, am besten daher vor der Pflanzung.
Rasen regelmäßig mähen und mit Wasser versorgen.
Anzucht der Zweijährigen fortsetzen.

Vereinsleben

Der grünste Tag des Jahres

Jedes Jahr am zweiten Sonntag im Juni wird in ganz Deutschland der „Tag des Gartens“ gefeiert. Seit über 20 Jahren dreht sich an diesem Tag der offenen Tür in den Kleingärten alles um die Lust am Gärtnern. Ziel des Festtages ist es, mit vielen kleinen und großen Veranstaltungen einer breiten Öffentlichkeit die Freude am Gärtnern nahezubringen und zu zeigen, wie wichtig Kleingärten vor allem in den Städten für die Lebensqualität der Menschen sind. Aus diesem Anlass stellen die Kleingärtner vor Ort ihre Anlagen und ihre Arbeit mit sozialem, ökologischem und städtebaulichem Charakter vor, beispielsweise in Form von Projekten zusammen mit Schulen und Kindergärten oder im Umwelt- und Naturschutz. Viele öffnen auch die eigenen Gartenpforten und präsentieren ihre liebevoll gepflegten Gärten. Überall gibt es ein buntes Programm und Aktionen für jedes Alter – Leckereien aus den Gärten, Fachvorträge, Koch- und Bastel-Aktionen, eine Garten-Tombola und vieles mehr. Zugleich fordern die Kleingärtner an diesem Tag die Bestandssicherheit ihrer Anlagen ein. Natürlich wird der Erfolg entsprechender Aktivitäten stark von der Wahrnehmung in der Öffentlichkeit bestimmt. Die Präsenz dieses Tages in den Medien ist eine wesentliche Maßnahme. Ziel ist, den Tag des Gartens in der Öffentlichkeit zu einer dem Muttertag oder Erntedankfest vergleichbaren Anerkennung zu führen. Machen Sie mit!

↓ Auch die Schreberjugend, eine dem Kleingartenwesen verbundene Jugendorganisation, wirkt am „Tag des Gartens“, der jedes Jahr am zweiten Sonntag im Juni stattfindet, mit.

↓ „Was Hänschen nicht lernt, lernt Hans nimmermehr“. Der Kleingärtnernachwuchs probt – Spaten und Gießkanne sind wohl noch mehr Symbol, aber die Aktion kommt gut an und macht Spaß.

Juli

Im Garten ist jetzt **Hochsaison:** Gießen, pflegen und ernten stehen auf dem Programm! Schön, dass wir reich belohnt werden. **Rosen** dürfen nirgends fehlen – ihr Duft und die Farbpalette von Weiß über Aprikot bis Pink und Dunkelrot verwandeln die Kleingärten in ein Blütenparadies. Dazu sorgen mediterrane und exotische Kübelpflanzen wie Schmucklilie, Granatapfel und Zitrusbäumchen für **Urlaubsstimmung** im eigenen Garten – wozu in die Ferne schweifen ...

↑ *Als Vorspeise bietet sich eine bunte Salatpalette an, die mit frisch geernteten Kräutern und essbaren Blüten angereichert wird. Das erfreut das Auge und gibt einen wunderbaren Geschmack.*

Der Kleingarten im Juli

Witterung, Schädlinge und Krankheiten schwächen Wachstum und Gesundheit der Pflanzen. Besonders bei starken Temperatur- und Luftfeuchteschwankungen sowie Trockenstress handelt es sich um gute Bedingungen für pilzliche und tierische Schaderreger. Eine Vielzahl von vorbeugenden Maßnahmen kann die Pflanzen schützen und den Einsatz chemischer Pflanzenschutzmittel erheblich reduzieren. Dazu gehören auch Pflanzenstärkungsmittel. Sie können die pflanzeneigene Widerstandsfähigkeit gegenüber Schaderregern und Umwelteinflüssen erhöhen und die Wuchskraft fördern.

Pflanzenstärkungsmittel – was ist das?

Das Spektrum der Pflanzenstärkungsmittel im Handel reicht von anorganischen Produkten (z. B. Gesteinsmehl, Natron), über organische Produkte (z. B. Algenextrakte, Huminsäuren), bis zu mikrobiellen Mitteln (Bakterien und Pilze).
Es lohnt sich auch, mit selbst hergestellten Kompostauszügen sowie pilz- und blattlaushemmenden Pflanzenextrakten aus Knoblauch, Acker-Schachtelhalm, Efeu oder Brennnessel zu experimentieren. Allerdings sind die Anwendungen aufwändiger als bei chemischen Pflanzenschutzmitteln. Die Behandlungen müssen vorbeugend und regelmäßig über einen längeren Zeitraum erfolgen.

Nicht vergessen!

Freiwerdende Beete mit Gründüngung bestellen.

Vom Garten auf den Teller

Alles was der Garten im Juli bietet, sollte sofort frisch nach der Ernte knackig in Topf und Pfanne oder als Spieß auf dem Grill zubereitet werden, um Inhaltsstoffe und Geschmack zu erhalten. Mit Rosmarin, Oregano, Thymian und Olivenöl mariniert, zaubert man wunderbare, mediterrane Genüsse, die am besten in geselliger Runde genossen werden.

Gemüse & Kräuter

Herbstgemüse anbauen

Im Juli wird es Zeit, Gemüsearten auszusäen, die auf den Langtag sowie auf Hitze und Trockenheit mit Schossen reagieren. Dazu zählen Knollenfenchel, Chinakohl, Radicchio, Romanasalat, Winterendivien und Zuckerhut. Es gibt zwar inzwischen einige Neuzüchtungen (F1-Hybriden), die über den Sommer angebaut werden können, besonders auf leichten Böden ist ihr Anbau aber heikel. Falls noch kein Beet zur Verfügung steht, kann man auch in Töpfe aussäen und die Jungpflanzen dann erst Ende des Monats auspflanzen. In

↑ *Grüner Paprika ist unreif. Man sollte ihn besser an der Pflanze ausreifen lassen. Je nach Sorte werden die Früchte gelb, orange, rot oder violett und sind süß, saftig und inhaltsstoffreich.*

↓ *Gemischte mediterrane Kräuter, in Sonnenblumen- oder Olivenöl eingelegt, fangen den Sommer ein. Probieren Sie auch Bärlauch, Estragon, Thymian, Minze, Melisse oder Basilikum in Weinessig.*

klimatisch günstigen Lagen mit milden Oktobertemperaturen ist der 10. August der letzte Pflanztermin.

Gemüse, Kräuter und essbare Blüten – eine tolle Kombination

Salate, Tomaten, Gurken, Zucchini und Paprika aus dem Freiland, Auberginen aus dem Gewächshaus, dazu frisch ausgegrabene Kartoffeln und Kräuter – der Juli verwöhnt mit schmackhaften Gartenprodukten. Probieren Sie auch Blüten, aber nicht nur die bekannten wie Kapuzinerkresse und Borretsch. Die würzigen Blüten der Taglilie und Monarde, die zarten Blüten von Lavendel, Ysop und Basilikum, die kräftigen von Schnittlauch (ohne Samenbildung) und Chinesischem Knoblauch sind nicht nur etwas fürs Auge. Aber Achtung, es gibt auch nicht essbare Blüten – Eisenhut, Oleander, Tomatenblüten sind dafür Beispiele. Sie enthalten giftige Inhaltsstoffe. Thymian und Ringelblume

← *Kräuter werden möglichst kurz vor der Blüte geerntet, Oregano und Majoran auch voll erblüht.*

können allergische Reaktionen hervorrufen. Essen Sie also immer nur Blüten, die sie als unbedenklich kennen. Die Blüten werden kurz vor der Verarbeitung geerntet, wenn nötig vorsichtig in kaltem Wasser gewaschen und auf Insektenbefall untersucht.
Die meisten Kräuter haben jetzt den intensivsten Geschmack. Vom Sommerschnitt sollte man deshalb einen Vorrat getrockneter, eingefrorener, eingelegter oder eingesalzener Kräuter anlegen.

Nicht vergessen!

Tomaten regelmäßig ausgeizen und anbinden. Seitentriebe der Gewächshausgurken schneiden. Wässern und hacken. Gründüngung aussäen. Kopfsalat, Eissalat, Brokkoli, Radies und Rettich für Spätsommerernte aussäen bzw. pflanzen. Letzter Termin für das Aussäen von Buschbohnen ist der 20. Juli. Gewächshaus lüften.

Mehlige Kohlblattlaus

Bei warmer Sommerwitterung werden Kohlpflanzen häufig von der Mehligen Kohlblattlaus befallen. Die graugrünen, mit mehlig weißer Wachswolle bedeckten Läuse treten oft als größere Kolonien auf. Durch ihre Saugtätigkeit kommt es zu Blattdeformationen und Verkrüppelungen. Starke Schäden entstehen vor allem an jüngeren Kohlpflanzen. Verwenden Sie am besten ein feines Kulturschutznetz, um die Läuse abzuhalten.

↓ *Haben die Freilandtomaten Ende Juli fünf Blütenstände, werden sie gestutzt. Wichtig ist, dass zwei Blätter über dem letzten Fruchtstand stehen, damit die Früchte ernährt werden und ausreifen.*

↑ *Starke Jungpflanzen mit Topfballen, bis Ende Juli gepflanzt, sichern bereits im ersten Standjahr eine hohe Ernte. Das Herz der Pflanze darf nach der Pflanzung nicht mit Erde bedeckt sein.*

So gewinnen Sie neue Erdbeerpflanzen

Erdbeerpflanzen bilden im Lauf des Sommers Ausläufer, die Sie auf dem gelockerten und mit Kompost oder Torf vermischten Boden der Zwischenreihen gleichmäßig auslegen können. Drücken Sie die Jungpflanzen, maximal sechs pro Mutterpflanze, in die Erde, damit guter Bodenkontakt besteht. Nachdem die jungen Pflänzchen Wurzeln gebildet haben, werden sie mit dem Handspaten entnommen und sofort an einen neuen Standort gepflanzt oder in Töpfen weiterkultiviert.

Obstgarten

Früchte in Hülle und Fülle

Während die Zeit der Erdbeerernte zu Ende geht, erreicht die der Johannisbeeren, Stachelbeeren, Himbeeren und Kirschen ihren Höhenpunkt. Die Frühsorten von Apfel und Birne läuten die Kernobsternte ein.

Sommerschnitt

Jetzt steht die Sommerbehandlung von Obstgehölzen an. Für den Anfänger ist zu diesem Zeitpunkt, wenn Bäume und Sträucher belaubt sind, das „Zuviel" in der Krone leichter zu erkennen als im Winter. Außerdem verheilen Schnittwunden jetzt problemlos. Der als Folge des Schnitts eintretende Verlust an Blattmasse, teilweise auch an Fruchtansätzen, wird weitgehend ausgeglichen durch eine verbesserte Belichtung der verbliebenen Blätter und eine bessere Farbe, Größe und Geschmack der sonst beschatteten Früchte. Eine ungehinderte Durchlüftung aller Kronenteile beschleunigt das Abtrocknen der Blätter und damit sinkt der Druck durch Schaderreger. Schnittmaßnahmen im Sommer wirken sich grundsätzlich hemmend auf das Wachstum aus. Sie bieten sich daher bei Bäumen mit wenig Fruchtansatz und starkem Wuchs an. So wird geschnitten: Konkurrenztriebe komplett entfernen, überflüssige Holztriebe in jungen Kronen sowie bei Spindeln oder Spindelhecken entspitzen, Langtriebe bei Spindeln und Niederstämmen mit heckenförmigem Kronenaufbau ab Monatsmitte waagerecht binden. Bei großen Bäumen beschränkt sich der Schnitt im Sommer auf das Auslichten zu dicht wach-

↑ *Das Waagerechtstellen von jungen Langtrieben lässt sich am Spalier einfach gestalten. Die gleiche Wirkung wird bei frei stehenden Bäumen durch Gewichtsbelastung erreicht.*

↑ *Am Spalier gezogene Johannisbeeren sind nicht nur leicht zu bearbeiten, sie machen sich auch optisch gut und die Ernte wird zum Kinderspiel.*

sender Kronen. Dabei ist es zweckmäßig, anstelle vieler kleiner Triebe besser mal einen stärkeren Ast zu entfernen.

Formieren

Bei kleinen Bäumen ist das Augenmerk mehr auf die Formierung zu richten. Darunter versteht man die Änderung der Wuchsrichtung von Trieben. Das geschieht einerseits durch Richten der Leitäste in jungen Kronen, andererseits in bereits fruchtenden Bäumen durch Herabbinden oder -spreizen von steil stehenden und damit in der Regel unfruchtbaren Trieben in eine möglichst waagerechte Lage in der gesamten Länge. So wird an diesen Trieben die Bildung von Blütenknospen noch im gleichen Jahr und ein Fruchten im Folgejahr ausgelöst. Je stärker ein Trieb in horizontaler Richtung wächst, umso eher bildet er Früchte. Es dürfen allerdings nicht alle Triebe in die Waagerechte gebunden werden. Das würde das Leistungsvermögen des Gehölzes überfordern und zu einer schnellen Vergreisung führen. Ein normaler Kronenaufbau durch ausreichendes vegetatives Wachstum muss nach wie vor gewährleistet sein. Bei schwachem Wachstum ist das Binden ganz zu unterlassen.

Formieren Sie die Bäume, solange die Triebe noch nicht stark verholzt und damit biegsam sind und sich durch Spreizen, Binden, oder Beschweren mit kleinen Gewichten (Steine, Betonbrocken) in eine mehr oder weniger waagerechte Position bringen lassen. Da diese Triebe in der Folge kein nennenswertes Längenwachstum mehr zeigen, muss abgewogen werden, welche und wie viele Triebe einer solchen Formierung unterzogen werden, um ein Gleichgewicht zwischen Wuchs und Fruchten in der Baumkrone zu sichern. Dazu ist stets ein ausreichender Neutrieb notwendig. Ziel ist ein gleichmäßiger Anteil von ein-, zwei-, drei-

und vierjährigem Holz. Vierjähriges Fruchtholz gilt als abgetragen und wird zweckmäßigerweise nach der Ernte entfernt. Eine solche Rotation wird als Fruchtholzumtrieb bezeichnet.

Sommerschnitt als Erntehilfe

Eine Sommerbehandlung ist auch als Ernteerleichterung nutzbar: Alte oder zu dicht stehende Fruchtäste, die später ohnehin entfernt werden müssen, können bei Strauchbeerenobstarten und bei früh tragenden Steinobstarten/-sorten mitsamt Fruchtbehang herausgeschnitten werden, um die Pflückarbeit dann „bodennah" auszuführen.

Kernobst pflegen

Bodenbearbeitung und Fruchtausdünnung bei Apfel, Birne und Pfirsich wird fortgesetzt. Bei starker Trockenheit ist eine zusätzliche Bewässerung sinnvoll. Wurzelschosser sollten an der Ansatzstelle entfernt werden. Zum Ende des Monats kann das Umveredeln mittels Okulation erfolgen.

↑ An hohen Süßkirschbäumen ist die Ernte nicht einfach. Sachgerechter Sommerschnitt mit Fruchtbehang erleichtert die Arbeit und dient zugleich zur Verringerung der Baumhöhe.

Erdbeerpflege nach der Ernte

Nach der Erdbeerernte sind alle Blätter bis auf das Herz abzuschneiden und zu kompostieren. Diese Maßnahme ist eine wirkungsvolle Pflanzenschutzmaßnahme. Nach vier Wochen sind die Pflanzen wieder voll belaubt. Die Ranken, bis auf die für die Jungpflanzengewinnung bestimmten, sowie Unkraut werden ebenfalls zu entfernt. Die bestehenden Beete werden bewässert und gedüngt, freie Beete für die Neupflanzung sind vorzubereiten. Dazu ist Kompost (2 l/m^2) oder verrotteter Stallmist einzuarbeiten. Die Jungpflanzen müssen gut angegossen und in der Folgezeit stets feucht gehalten werden.

Pflaumenwickler bekämpfen!

Finden Sie in den Pflaumenfrüchten rötliche Raupen mit dunklem Kopf sowie Fraßgänge mit krümeligem, braunem Kot, so sind das Anzeichen eines Pflaumenwicklerbefalls. Derzeit tritt bereits die zweite Generation des Schädlings auf. Sie können Kärtchen mit Eiern von Erzwespen (Trichogramma) in die Bäume hängen, um den Schädling zu bekämpfen. Die Nützlinge töten die Eier des Pflaumenwicklers ab.

Ein Erdbeerbestand darf maximal dreijährig werden, mehrmals fruchtende Sorten sollten nicht länger als zwei Jahre kultiviert werden. Die größten und wohlschmeckendsten Früchte erntet man bei einjährigem Anbau. Für einen guten Ertrag muss die Pflanzung bis Monatsende erfolgen. Pflanzwürdig sind gut bewurzelte Ableger mit mindestens vier Blättern.

Erdbeeren in Töpfen, Kübeln und Ampeln

Kletter- und Hängeerdbeeren zeichnen sich durch starke, fruchtende Ausläuferbildung aus. Diese erscheinen ab August und werden entweder an einem Gerüst in die Höhe geleitet oder, in Ampeln gepflanzt, als Hängepflanze kultiviert. Blüten, die nach dem Pflanzen erscheinen, sind auszubrechen. Die hohen Ansprüche der Topferdbeeren an die Nährstoff- und Wasserversorgung erfordern neben einer zusätzlichen Bewässerung Düngergaben im Abstand von sechs Wochen. Trockenheit während der Vegetationsperiode mindert Ausläuferbildung und Fruchtentwicklung. In Kübeln und Schalen kultivierte Pflanzen müssen auch im Winter nach Frostperioden gegossen werden.

↑ Selbst hergestellte Marmeladen, Gelees, Säfte sorgen auch noch im Winter für den Duft der Erntezeit und sind ein gern gesehenes Mitbringsel.

↓ Himbeeren entfalten ihr volles Aroma erst dann, wenn die reifen Beeren leicht abgezupft werden können. Im Herbst reifende Sorten sind garantiert madenfrei.

Pflanzenschutzmaßnahmen im Hochsommer

Bestände ständig auf Befall durch Schaderreger kontrollieren und mechanische Bekämpfungsmaßnahmen durchführen. Abfallende Früchte und heruntergefallenes Laub sind in der Regel Anzeichen für pilzliche oder tierische Schaderreger.

Moniliakrankes Obst und von Obstmaden befallene Früchte regelmäßig aufsammeln und vernichten.

Ziergarten

Sommerblumen für die Vase

Ob Sonnenhut, Zinnien oder Glockenblumen – wenn Sie zu Hause die Blütenstiele schräg anschneiden und das Vasenwasser täglich wechseln, werden Sie lange Freude an Ihrem Mitbringsel aus dem Garten haben.

Gießen nicht vergessen

Allgemein gilt: Wässern Sie lieber weniger oft, dafür aber durchdringend, als öfters nur die Oberfläche zu befeuchten. Im Frühling gepflanzte Stauden und Gehölze benötigen an heißen Tagen besonders viel Was-

DER BESTE ZEITPUNKT FÜR DEN VASENSCHNITT

Zustand der Blüte	Schnittblumenart
Knospiger Zustand, Sorten zeigen sortentypische Farbe	Anemone *(Anemona)*, Schwertllie *(Iris)*, Mohn *(Papaver)*, Pfingstrose *(Paeonia)*, Rose *(Rosa)*
Erste Blüte geöffnet, zwei weitere Blüten zeigen Farbe	Freesie *(Freesia)*, Klebschwert *(Ixia)*, Duft-Wicke*(Lathyrus odoratus)*, Gladiole *(Gladiolus)*
Spitze des Blütenstandes erblüht	Prachtscharte *(Liatris spicata)*, Königskerze *(Verbascum)*
Ein Drittel des Blütenstandes von unten erblüht	Löwenmaul *(Antirrhinum majus)*, Glockenblume *(Campanula latifolia)*, Rittersporn, *(Delphinium)*, Fingerhut *(Digitalis)*
Zwei Drittel des Blütenstandes von unten erblüht	Schleierkraut *(Gypsophylia repens)*, Levkoje *(Matthiola incana)*
Blütenstand voll aufgeblüht	Schafgarbe *(Achillea)*, Chrysantheme *(Chrysanthemum)*, Schneerose *(Helleborus)*, Studentenblume *(Tagetes)*, Zinnien *(Zinnia elegans)*

Löwenmaul (Antirrhinum majus) *am besten dann für die Vase schneiden, wenn ein Drittel der Blüte offen ist.*

Volle Pracht: Sommer-Chrysanthemen (Chrysanthemum carinatum) *werden voll aufgeblüht geschnitten.*

Steppenkerze (Eremurus-*Hybriden*) *gehören mit zu den dekorativsten Schnittblumen, besonders für große Vasen.*

ser. Am besten versorgt man die Pflanzen abends. Kübelpflanzen gießen Sie idealerweise morgens (dann können die Pflanzen den Tag über gut abtrocknen) oder abends. Dazu möglichst abgestandenes Wasser verwenden. Heide- und Moorbeetpflanzen sind bei der Wasserversorgung besonders zu berücksichtigen. Wurzelballen dieser Pflanzen sind nach einem Austrocknen schwer zu befeuchten.

Rosen zum letzten Mal düngen

Damit die Triebe der Rosen bis zum Herbst noch richtig ausreifen und nicht dem Frost unterliegen, sind sie im Juli letztmalig zu düngen. Dabei werden allerdings keine stickstoff-, sondern kalireiche Volldünger eingesetzt.

Rosen veredeln

Für die Veredelung von Rosen müssen drei Voraussetzungen gegeben sein: Eine Unterlage, deren Rinde sich vom Holz lösen lässt, ein ausgereiftes Edelreis, das von der Unterlage nicht abgestoßen wird und ein scharfes Veredlungsmesser.
Als günstigste Veredlungsart hat sich die Okulation erwiesen. Hierbei wird an der gewünschten Stelle der Wildrose ein etwa 3 cm langer Schnitt in „T"-Form vollzogen und gleichzeitig werden die Rindenlappen angehoben. Man entnimmt vom Edelreis – mit einem länglichen Schnitt – ein Auge mit 1 cm Blattstiel und schiebt dieses Stück zwischen die abstehenden Rindenlappen ein. Nach Möglichkeit sollte am eingesetzten Auge kein Holzteil vorhanden sein. Das eingesetzte Auge und der Wildling müssen durch ein Verbinden fest aneinandergepresst werden. Als Verbandsmaterial kann Bast oder ein Veredlungsband aus Kunststoff verwendet werden. Nach dem Verbinden darf der T-Schnitt nicht mehr sichtbar sein. Das Auge und der Blattstiel dürfen nicht mit eingebunden werden. Die Pflanzenteile der Wildunterlage über der Veredlungsstelle dürfen nicht entfernt werden.

↑ *Ligusterhecken erhalten den zweiten Schnitt zur Förderung des Neuaustriebes und Verbesserung der Form. Um ein Verkahlen im unteren Bereich zu verhindern, wird die Hecke nach oben stärker eingekürzt.*

Schwertlilien pflanzen

Der Juli ist der günstigste Zeitpunkt zum Teilen und Pflanzen von Schwertlilien (*Iris germanica*): Mit einer Grabegabel die Rhizome aus dem Boden heben, die anhaftende Erde abschütteln, Rhizome teilen und Blattwerk sowie Wurzeln auf die Hälfte einkürzen. Beim Pflanzen (am besten einen sonnigen Platz wählen!) werden die Rhizome kurz unter die Bodenoberfläche gebracht und fest angedrückt.

Nicht vergessen!

Rasen mähen, bei Trockenheit und Hitze regelmäßig bewässern. Zweijährige Sommerblumen noch aussäen. Bei Stauden und Sommerblumen regelmäßig verwelkte Blüten entfernen.

Vereinsleben

Sommerzeit – Grillzeit

Die lauen Sommernächte laden dazu ein, seine Zeit mit Familie, Freunden und Nachbarn im Garten zu verbringen. Und was schmeckt besser als gegrillte Zucchini und ein Salat aus dem eigenen Garten?

Gartenbegehung

In den Sommermonaten finden gemeinsame Anlagenbegehungen von Vereinsvorständen und zuständigem Stadt-/Kreis-/Regionalverband statt. Um die Pächter der einzelnen Parzellen möglichst aktiv in diese Aktion einzubeziehen, muss der Termin rechtzeitig bekannt sein. Jeder Kleingärtner hat somit die Gelegenheit, seinen Garten auf Vordermann zu bringen. Wenn zu Hause Besuch erwartet wird, steht ja auch meist ein Wohnungsputz an.

Bei der Begehung erfolgt eine objektive Beurteilung der Einhaltung der Gartenordnung. Auf diesem Wege können auftretende Unregelmäßigkeiten festgestellt und bereits während der Begehung möglichst mit dem betreffenden Kleingärtner angesprochen werden. Der Vorstand des Zwischenpächterverbandes gewinnt ein Bild über den Stand der Dinge in seinen Mitgliedsvereinen und deren Kleingartenanlagen. Anlagenbegehungen sind keine Reglementierung der Kleingärtnervereine und deren Mitglieder, sondern Hilfe für alle Beteiligten im Interesse eines guten Zustandes der Kleingartenanlage und des Vereinsklimas.

↓ *Ein Gartenzaun muss nicht abweisend wirken. Mit Blumen – hier Sonnenbraut* (Helenium) *– wird die Gartengrenze zum Farbtupfer und dem Plausch mit dem Nachbarn steht nichts im Weg.*

↓ *Bei der Anlagenbegehung entdecken selbst Fachleute stets Neues und sind von Wissen und Können der Hobbygärtner beeindruckt – hier wird ein Fuchsiensortiment bestaunt.*

August

Wer davon träumt, den August nur mit einem kühlen Getränk in der Hängematte zu verbringen, wird wohl enttäuscht werden, denn der August bietet reichlich Arbeit. Im **Spätsommer** beginnt auch die Planung, welche **Zwiebelblumen** den Garten im nächsten Frühjahr schmücken sollen. Aber vor allem bekommen wir jetzt – im **Erntemonat** schlechthin – den Lohn für die Arbeit der vergangenen Wochen: knackiges Gemüse, würzige Kräuter, saftiges Obst und bunte Blumensträuße.

Der Kleingarten im August

Das Wachstum der Pflanzen reduziert sich im Herbst mit abnehmendem Licht und geringeren Temperaturen. Deshalb ist der August der letzte Monat für eine umweltgerechte Düngung mit stickstoffhaltigen Düngern. Düngt man den Stickstoff später, nehmen die Pflanzen ihn teilweise nicht mehr auf, er wird mit den Winterniederschlägen ins Grundwasser ausgewaschen. Gleichzeitig fördert der Stickstoff die Bildung weicher Triebe, Halme oder Blätter, die dann im Winter schnell erfrieren. Ausnahmen sind Gemüsekulturen wie Grünkohl und Rosenkohl, die auch noch bei niedrigen Temperaturen einen kräftigen Blattmassezuwachs haben. Wenn die Bodenuntersuchung keinen zu hohen Kaligehalt ergeben hat, kann noch mit einem Kalidünger gedüngt werden, der im Gegensatz zu Stickstoff die Frosthärte der Pflanzen fördert. Rasen, Rosen, Wintergemüse oder Erdbeeren kommen so besser über den Winter.

Jedes frei werdende Beet wird mit Gründüngung bestellt. Die Beete werden mit einem Grubber gelockert. Bei Trockenheit ist eine Vorwegbewässerung mit 15 bis 20 mm notwendig. Nach der Aussaat wird der Samen eingeharkt und angedrückt.

↑ *Der Spätsommer verwöhnt mit üppiger Blumenpracht, reichlich saftigem Obst und frischem Sommergemüse. Da kann auch ein Urlaub im Garten wunderbar erholsam sein.*

Nicht vergessen!

Bei Trockenheit nicht nur Beete, auch mehrjährige Pflanzen und den Komposthaufen wässern.

Was tun gegen Echten Mehltau?

Stauden sind ebenso wie Obst und Gemüse anfällig für Echten Mehltau. Befallen werden vor allem Astern, Phlox, Rittersporn und Indianernessel. Zunächst entstehen einzelne weiße Flecken auf der Blattoberseite, später ist fast das ganze Blatt von einem weißen, mehlartigen Sporenbelag bedeckt. Auch Stängel, Triebe, Knospen und Blüten können betroffen sein. Pflücken Sie kranke Blätter ab. Wenn dies nicht ausreicht, sollten Sie einen Rückschnitt vornehmen.

Gemüse & Kräuter

Wässern, wässern, wässern

Längere Trockenperioden im August erfordern besonders bei leichten Böden eine Zusatzbewässerung. So brauchen Blatt- und Kohlgemüse über die gesamte Wachstumszeit eine gleichmäßige, mittlere Bodenfeuchte. Bei Schwankungen platzen sie, Blumenkohl und Brokkoli bilden Vorblüher. Frucht-, Wurzel- und Knollengemüse sollten zu Beginn des Wachstums etwas trockner stehen, um die Wurzelbildung anzuregen und bei Fruchtgemüse die Blütenbildung zu fördern. Mit dem stärkeren Wachstum und der Fruchtentwicklung im Juli und besonders August steigt dann aber auch ihr Wasserbedarf. Eine durchdringende Bewässerung alle fünf bis sechs Tage ist zu empfehlen. Um pilzlichen Erkrankungen vorzubeugen, müssen Tomaten- und Gurkenpflanzen bei der Bewässerung möglichst trocken bleiben. Geeignete Methoden sind das Gießen in eingesenkte Tontöpfe, Furchenbewässerung oder Tröpfchenbewässerung.

Leckere Ernte – Fruchtgemüse aus dem Freiland

Während bei Freilandgurken noch die Schälgurkenernte ansteht, ist Anfang bis Mitte August die Sommerkürbisernte in vollem Gange. Das sind Kürbisarten mit einer weichen Schale, die nicht lange lagerfähig sind wie Zucchini, Rondini und Patisson. Achten Sie darauf, bei den Zucchini nur kleine, zarte Früchte von maximal 20 cm Länge zu ernten, dann bilden die Pflanzen im August noch reichlich neue Früchte. Rondini und Patisson schmecken ebenfalls nur als junge Früchte. Mit kühlen, feuchten Nächten zum Ende des Monats bekommen auch die Sommerkürbisse Probleme mit Echtem Mehltau und bei Temperaturen unter 10 °C stellen sie ihr Wachstum ein.
Dafür beginnt dann Mitte bis Ende August die Ernte der Ananaskirschen und Kapstachelbeeren. Für einen guten Geschmack und die optimale Ausbildung von Inhaltsstoffen sollten sie vollständig an der Pflanze ausreifen. Die kleinere Ananaskirsche fällt als reife Frucht ab und wird aufgesammelt. Die Kapstachelbeere kann geerntet werden, wenn die Fruchthülle trocken und braun ist und sich leicht von der Pflanze lösen lässt. Auch die Zuckermaisernte beginnt jetzt. Wenn man frühe Sorten gepflanzt und die jungen Pflanzen mit

↓ *Wärmebedürftige Gemüsearten und mediterrane Kräuter wachsen gut in Kübeln, die geschützt aufgestellt werden. Wichtig sind ausreichende Düngung, Bewässerung und Kontrolle auf Schädlingsbefall.*

↑ *Möhren mit Porree angebaut schützen sich gegenseitig vor Schaderregern. Ab August beginnt die Ernte mittelfrüher Möhrensorten. Sie sind nicht lagerfähig und sollten frisch verzehrt werden.*

↓ *Zwiebeln erntet man im August, wenn sich das Laub von selbst umlegt und der Zwiebelhals trocken wird. Sie werden geputzt, auf Befall mit Zwiebelfliege kontrolliert und trocken gelagert.*

Vlies vor Kälte geschützt hatte, reifen sie ab Anfang August. Sonst startet die Ernte Ende des Monats. Geerntet wird, wenn der ganze Kolben noch weich ist, die Spitze unreif weiß und beim Einritzen aus allen Körnern noch cremiger Milchsaft austritt. Die Kolben werden vorsichtig von Hand ausgebrochen.
Wurden die Stabtomaten im Freiland noch nicht gestutzt, ist jetzt der letzte Termin, denn von der Blüte bis zur reifen Frucht werden mindestens 60 Tage benötigt. Die unteren Blätter können bis zur letzten abgeernteten Traube entfernt werden, um pilzliche Krankheiten zu reduzieren.

Für Herbst- und Winterernte sorgen

Im milderen klimatischen Lagen kann noch bis zum 10. August Brokkoli gepflanzt werden. Während Brokkolijungpflanzen auf Kälte mit Schossen reagieren, verträgt die große Pflanze im Herbst leichten Frost. Chinakohl, Grünkohl, Kohlrabi und Wirsing sowie Kopf- und Eissalat entwickeln sich noch, wenn gut vorkultivierte Jungpflanzen gepflanzt werden.
Auch Aussaaten von Radies, Rettich und Petersilie (Überwinterung) sind möglich. Wichtig ist, frühe Sorten zu verwenden, da sie eine kürzere Entwicklungszeit haben und mit der Herbstwitterung besser zurechtkommen. Probieren Sie ruhig auch seltene Wurzelgemüse wie Speiserüben. Mitte August ist Saattermin für 'Teltower Rübchen' und für die weißen, runden Mairüben. Da bei warmem Wetter im September noch eine Kohlfliegengeneration schlüpft, sollten die Rübchen gleich nach der Aussaat mit Kulturschutznetzen geschützt werden. Ebenso können jetzt Spinat und Feldsalat für die Herbsternte ausgesät werden.

Nicht vergessen!

Spätgemüse düngen, hacken und für Standfestigkeit anhäufeln.

↑ *Zum Pflücken wird die Frucht leicht gedreht und gegen den am Stielende positionierten Zeigefinger angehoben. Lagerobst darf keine Druckstellen oder Verletzungen durch Fingernägel aufweisen.*

↓ *Oft sind im Kleingarten auch Hochstämme zu beernten. Eine Pflückhilfe ist eine gute Alternative zur Leiter, die schwerer zu handhaben und nicht ganz ungefährlich ist.*

Obstgarten

Erntezeitpunkt und Qualität

Der Erntezeitpunkt entscheidet über die innere Qualität der Früchte. Der Vorteil von Obst aus dem eigenem Garten ist, dass es zum optimalen Erntezeitpunkt gepflückt werden kann. Dadurch kommt der Geschmack ausgereifter Früchte voll zum Tragen. Für die Verwertung bestimmtes Obst darf mitunter auch überreif werden, da es dann den höchsten Zuckergehalt erreicht. Im Gegensatz dazu werden Früchte aus dem Supermarkt wegen der Transporteignung vorzeitig geerntet und können geschmacklich selten überzeugen (Ausnahme: lagerfähige Kernobstsorten).
Die heimischen Obstarten ermöglichen den Genuss von Frischobst von Juni (Erdbeere) bis Oktober (Apfel). Die Bestimmung des richtigen Erntezeitpunktes erfolgt je nach Obstart nach verschiedenen Kriterien.

Kernobst – Pflück- und Genussreife

Beim Kernobst unterscheidet man zwischen Pflück- und Genussreife. Bei den Frühsorten fallen beide Stadien fast zusammen. Einige Sorten reifen am Baum voll aus, andere sind einige Tage vor der Vollreife zu pflücken. Bei Früh- und Herbstsorten ist das Erreichen der Pflückreife am Übergang der grünen Grundfarbe ins Gelbliche und am verstärkten Fruchtfall zu erkennen. Die Fruchtkerne sind dann noch hellbraun. Späte Sorten werden oft zu früh geerntet. Das bewirkt eine verminderte Lagerfähigkeit und Geschmacksbeeinträchtigungen. Ihre Pflückreife ist erreicht, wenn sich der Fruchtstiel leicht vom Fruchtholz trennen lässt. In jedem Falle wird mit Stiel geerntet.

Steinobst ernten

Stein- und Beerenobst (Weichobst) erreicht die Vollreife bereits am Gehölz. Die Früchte sind dann weich, saftig, süß und aromatisch und erreichen eine sortentypische Färbung.

Kirschen sind erst reif, wenn sie eine möglichst dunkle Farbe erreicht haben. Bis zur Vollreife gewinnen sie an Größe und Aroma. Obwohl die Früchte ziemlich gleichmäßig reifen, erstreckt sich die Ernte eines Baumes doch über ein bis zwei Wochen. Zuerst reifen die Früchte in den äußeren Kronenbereichen.

Der Genuss frischer Kirschen ist, soweit Kühlmöglichkeit gegeben, längere Zeit zu haben. Für den Frischverzehr bestimmte Früchte werden unter Schonung des Fruchtholzes mit Stiel, Früchte für die Verwertung auch ohne Stiel, gepflückt.

Pflaumen sind reif, sobald sie voll ausgefärbt, gleichmäßig weich, prall und saftig sind. Steinlösende Sorten geben dann den Stein frei, nicht lösende Sorten schmecken um den Stein herum nicht mehr bitter. Frühsorten reifen innerhalb einer Woche, bei späten kann der Erntezeitraum zwei bis drei Wochen betragen. Frühe Sorten, die man verwerten möchte, sind vor Erreichen der Vollreife zu ernten. Zwetschen erreichen den besten Geschmack, wenn sie etwas überreif sind. Die Fruchthaut ist dann bereift und beginnt am Stielansatz zu schrumpfen.

Für Pfirsich und Aprikose gelten die für Pflaume genannten Merkmale. Wegen ihrer folgernden Reife ist bei diesen Bäumen ein mehrmaliges Auspflücken erforderlich.

↓ *Um bei übervollem Behang ein Ausbrechen ganzer Äste zu vermeiden, sind die Zweige entweder mit Stützen vom Boden oder durch an einem Dreibock befestigte Schnüre (Bild) zu sichern.*

Beerenobst – Vielfalt von Juni bis Oktober

Die Erdbeere eröffnet die Ernteperiode. Stachelbeeren und Johannisbeeren folgen. Johannisbeeren haben eine verhältnismäßig lange Erntezeit. Weiße und rote Sorten sind dann erntereif, wenn die ersten Beeren der Trauben zu schrumpfen beginnen. Vollreife Schwarze Johannisbeeren neigen zum Rieseln. Zu pflücken sind sie deshalb bereits dann, wenn die letzte Beere einer Traube noch nicht voll ausgefärbt ist. Rieselnde Beeren fängt man mit einem unter dem Strauch ausgelegten Tuch auf.

Stachelbeeren können grünreif, hartreif und vollreif geerntet werden. Grünreife Früchte erreichen Fingernagelgröße und eignen sich zur Kompottbereitung. Die Zweige werden dabei nur ausgepflückt. Die verbleibenden Früchte können sich danach besser entwickeln. Hartreif sind sie zum Einmachen bestimmt, wenn sie voll ausgebildet sind. Für den Frischver-

↑ *Kultur-Heidelbeeren* (Vaccinium corymbosum) *reifen während vier bis sechs Wochen, eine wöchentliche Ernte ist ausreichend. Vögel sind begeisterte „Erntehelfer“, netzen Sie die Sträucher daher am besten ein.*

brauch müssen die Früchte vollreif sein. Überreife führt zu einem leicht bitteren Geschmack.
Reife Himbeeren lassen sich leicht vom Kelch lösen. Sie werden abgezupft. Da sie nicht alle gleichzeitig reifen, müssen die Erntegänge alle zwei Tage erfolgen. Ein Drücken der Früchte ist durch Verwenden kleiner Erntegefäße auszuschließen.
Ähnliches gilt für die Ernte von Brombeeren (je nach Gegend und Wetter Ende Juli bis September). Die Früchte müssen voll ausgefärbt sein und dürfen keinen rötlichen Schimmer mehr zeigen.
Beim Wein nascht man einfach Einzelbeeren zur Probe, bevor man erntet. Frühe Sorten sind ab Mitte August reif, späte werden erst im Oktober geerntet.

Kompostieren von Fallobst

Kernobstfrüchte mit faulem Kerngehäuse sollten nicht gegessen oder verarbeitet werden, da die in der Frucht vorhandenen Pilzgifte (Mykotoxine) hitzebeständig sind. Angefaulte Früchte sind großzügig auszuschneiden. Generell – nicht nur für alle nicht verwertbaren Früchte, sondern auch Fallobst, Schnittholz, Laub – gilt: Dieser Abfall muss zerkleinert (geschreddert) mit Erde/Kompost vermischt in den Kompost eingebracht und abgedeckt werden. Von Maden befallene Früchte können zuvor auch vergoren werden. Ein gepflegter Komposthaufen wird somit gewissermaßen zur Isolierstation.

Nicht vergessen!

Boden bearbeiten, bei Trockenheit bewässern. Erdbeerpflanzung bis Monatsmitte beenden, Vogelschutznetze für Beerenobst ausbringen, Beerenobst nach der Ernte düngen und mulchen. Sommerschnittmaßnahmen bis zum Monatsende beenden.

↑ *Nach der Ernte werden abgetragene Himbeerruten bodennah abgeschnitten. Jede Verletzung der Jungtriebe ist wegen einer Infektion mit den Erregern des Rutensterbens zu vermeiden.*

Ziergarten

Rosenveredelung – so geht's weiter

Bei den im Vormonat veredelten Rosen sollten die Augen inzwischen angewachsen sein. Dies erkennt man daran, das der Blattstielrest abgestoßen wurde und das Auge sich frisch grün verfärbt hat. Damit sich nun die veredelte Unterlage uneingeschränkt entwickeln kann, ist der Verband zu entfernen: Man schneidet ihn mit einem scharfen Messer an der dem Auge entgegengesetzten Triebseite auf. Bei der Verbandsentfernung dürfen Rinde und Auge nicht beschädigt werden. Alle Pflanzenteile oberhalb der Veredlungsstelle werden erst im nächsten Frühjahr entfernt. Rosen, bei denen kein Anwachsergebnis erzielt wurde, können diesen Monat nochmals veredelt werden, solange sich die Rinde noch vom Holz lösen lässt.

↓ Die Dahlien-Saison beginnt. An der Farben- und Formenvielfalt dieser Gattung haben alle Freude, ob groß oder klein. Auch bei den Dahlien gilt: Verblühtes regelmäßig entfernen.

Stauden umpflanzen

Für alle abgeblühten Stauden ist jetzt der günstigste Zeitpunkt zum Teilen und Umpflanzen. Bis zum Herbst bleibt ausreichend Zeit, damit die umgepflanzten Stauden sich am neuen Standort richtig einwurzeln können. Der Prozess des Anwachsens wird durch eine Bodenabdeckung (4 bis 6 cm stark) mit Rindenmulch, Torf oder Stalldung unterstützt.

Bunte Rasenflächen

Wer Garten-Krokus *(Crocus chrysanthus)*, Märzenbecher *(Leucojum vernum)*, Narzissen *(Narcissus*-Hybriden), Schneeglöckchen *(Galanthus nivalis)*, Traubenhyazinthe *(Muscari armeniacum)* oder niedrige Tulpen *(Tulipa*-Arten) in seinen Gartenrasen integrieren möchte, sollte den Zwiebeln nach der Blühphase eine ausreichende vegetative Phase gönnen, damit sie über ihr Blattwerk genügend Aufbaustoffe ergänzen können. Die erforderliche Rasenmahd unterbindet diesen Prozess. Daher sollte man nicht auf der ganzen Rasenfläche Blumenzwiebeln pflanzen, sondern lieber nur einige Tuffs, die gut sichtbar sind und vom Rasenmäher umfahren werden können.

Pflanzen und umpflanzen von Nadelgehölzen

Der August ist der Monat, in dem man alle Nadelgehölze umpflanzen kann. Beachten sollte man dabei, dass die umzusetzenden Pflanzen einen gut geschlos-

↑ *Die Kombination vieler verschiedener Gartenblumen nach Pflanzenhöhe, Farbgestaltung und Blütezeitpunkt macht den Garten in jeder Jahreszeit zum Erlebnis.*

↑ *Mit Topf- und Kübelpflanzen – hier zum Beispiel pink blühendem Oleander – lassen sich die Terrasse und andere Gartenbereiche aufpeppen.*

↓ *Mit Rosenkugeln in unterschiedlichen Farben und Größen kann man wunderschöne Kontraste schaffen.*

senen Wurzelballen haben. Dieser Wurzelballen ist bei jüngeren Pflanzen, Standzeit zwei bis drei Jahre, vorhanden. Ältere Pflanzen aus der Baumschule haben gut entwickelte Wurzelballen, da sie entsprechend oft umgepflanzt worden sind. Beim Pflanzen von Nadelgehölzen ist das Pflanzloch mit reichlichem Durchmesser und der erforderlichen Pflanztiefe auszuheben. Die Pflanztiefe entspricht der bisherigen Standtiefe. Pflanzen, deren Ballen mit einem durchlässigen Wurzelballenschutz versehen sind, werden mit diesem in das Pflanzloch gestellt und erst geöffnet, wenn der Ballen bis zur Hälfte in der Aushuberde leicht festgetreten ist. Bevor das restliche Pflanzloch mit Aushuberde gefüllt wird, ist der Wurzelschutz allseitig

↑ *Blauer Kartoffelbaum, auch Enzianstrauch genannt* (Solanum rantonnetii). *Er überwintert trocken im dunklen Raum bei 2 bis 5°C.*

↓ *Hochsommer ist Kübelpflanzenzeit. Diese Terrasse wurde mit Margariten, Ginster, Schopf-Lavendel und Mohn zu einem farbenprächtigen Blickpunkt.*

auszubreiten. Das Pflanzloch wird nun vollständig mit dem Aushub gefüllt, angetreten und ausreichend angegossen. Mit einer 6 bis 10 cm starken Rindenmulchabdeckung wird das Anwachsen gefördert. Ausgehend von der Bodenqualität am Standort kann die Aushuberde mit Komposterde verbessert werden.

Schneiden von Nadelholzhecken

Da der Frühjahrsaustrieb ausgereift und die Brutzeit der Singvögel abgeschlossen ist, können die Nadelholzhecken jetzt geschnitten werden. Bevor geschnitten wird, sollte die Hecke begutachtet werden: Befinden sich an den Heckenseiten oder auf der Heckenoberfläche einzelne stark entwickelte Triebe, sind diese zu entfernen, und zwar 4 bis 5 cm tiefer als der Schnitt vorgesehen ist. Dadurch wird ein weiterer stärkerer Austrieb verhindert, der dem dekorativen Charakter der Hecke schaden könnte. Hecken sollten nicht senkrecht geschnitten werden, sondern sich nach oben verjüngen. Erfolgt keine Verjüngung, beginnt von unten eine Verkahlung der Hecke.

Balkon- und Kübelpflanzen düngen und vermehren

Die Balkon- und Kübelpflanzen haben in ihrer Entwicklung jetzt den Höhepunkt erreicht und brauchen ausreichend Wasser und Nährstoffe. Reine Stickstoffdünger oder stickstoffreiche Volldünger sind ab Ende August zu meiden, damit sich die Pflanzen auf die Überwinterungsphase einstellen können.
Balkongeranien kann man im August über Stecklinge vermehren. Die Stecklinge werden mit einem scharfen Messer dicht unter einer Nodie, einem Knoten, von der Pflanze abgeschnitten. Die Schnittstelle lässt man an der Luft antrocknen und steckt sie in Vermehrungsgefäße in ein stark sandhaltiges Substrat. Staunende Nässe ist zu vermeiden.

Vereinsleben

Hochsommer – Zeit für Gartenfeste

Im Sommer gibt es zahlreiche Anlässe, Garten- oder Kinderfeste mit rustikalem Essen aus der Gulaschkanone, vom Grill oder offenen Feuer zu organisieren. Sport und Spiel wie Garten-Quiz, Preisskat oder Lotterie laden Nachbarn und Freunde ein. Vor allem das nicht Alltägliche lockt an. Wie wäre es zum Beispiel mit einem Multi-Nationen-Fest, bei dem es Rezepte aus all den verschiedenen Heimatländern der Kleingärtner gibt – je nach Region stammen acht bis 20 % der Kleingärtner aus anderen Ländern. Ein Fest bietet die Möglichkeit, sich gegenseitig kennenzulernen und im wahrsten Sinne des Wortes über den eigenen Tellerrand zu schauen. Und wer sich erst einmal kennt, wird sich später über verschiedene Traditionen beim Anpflanzen und Verarbeiten von Obst und Gemüse austauschen, Gartengeräte ausleihen oder bei kleinen Problemen helfen – Integration hat viele Gesichter! Sind solche Feste zudem für die Nachbarn außerhalb der Kleingartenanlage offen, ist das auch im Sinne einer Mitgliederwerbung. Eine Werbung der besonderen Art ist die Beteiligung von Kleingärtnervereinen an Stadtfesten. Mit der Teilnahme an den bunten Umzügen machen die Schrebergärtner auf sich aufmerksam. Davon nimmt nicht nur die Allgemeinheit Kenntnis, sondern auch Verwaltung und Politik. Ihnen wird damit verdeutlicht, dass Kleingärtner heute ihren Garten nicht allein als individuellen, sondern auch als kommunalen Lebensraum verstehen.

↑ *In vielen Städten gibt es Kooperationen zwischen Schulen und Kleingärtnervereinen. Die Kinder bekommen eine Parzelle, auf der sie gärtnern können. Bei Fragen helfen die Kleingärtner gerne weiter.*

↓ *Sommer, Ferien und gute Laune – Gartenfeste sind schnell organisiert, wenn jeder etwas dazu beisteuert. Erweitern Sie Ihren Bekanntenkreis und lernen Sie neue Gartennachbarn kennen.*

Eli

September

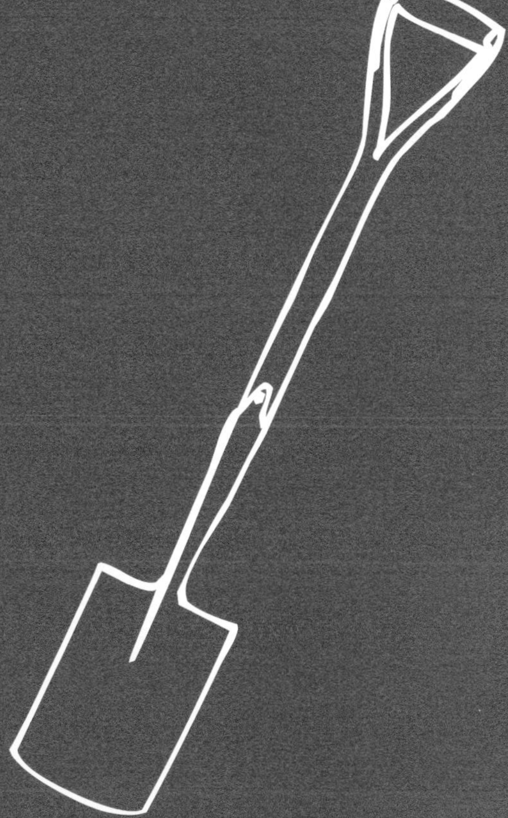

Langsam löst der Herbst den Sommer ab, der erste Nebel kündigt sich an, die Tage sind schon merklich kürzer geworden und bald ist mit ersten kalten Nächten zu rechnen. Gut, dass es so viel zu tun gibt, da fällt der **Abschied vom Sommer** leichter: Brombeeren, Äpfel, Birnen, Pflaumen und Quitten, Tomaten, **Kürbis**, Gurken, Kräuter und noch viel mehr– alles will geerntet und verarbeitet werden. Für den farbigen Hintergrund sorgen **Dahlien**, Astern und Chrysanthemen.

Der Kleingarten im September

Im September ist die Ernte in vollem Gange. Wenn wenig Lagermöglichkeiten bestehen, ist die Verarbeitung von Obst und Gemüse eine Alternative, z. B. delikate Obstgelees aus Quitten, Äpfeln oder Brombeeren, verfeinert mit Rosenblüten oder Zitronenmelisse-Blättern.
Da bereits Ende des Monats mit ersten Frösten gerechnet werden muss, sollte Abdeckmaterial zum kurzzeitigen Schutz von Gemüse und blühenden Zierpflanzen bereitstehen. Oft gibt es nur an ein bis zwei Tagen Bodenfrost. Vlies (20 g/m²) schützt bis ca. –2 °C. Stehen Lagerräume für eine längere Lagerung zur Verfügung, sind sie zu reinigen und zu lüften. Lagern Sie niemals Äpfel und Gemüse gemeinsam. Äpfel geben während der Reife das Reifegas Ethylen ab. Es fördert das Altern von Kartoffeln und Gemüse, Kohl vergilbt und Möhren werden bitter. Das Gemüse sollte besser in einem Erdeinschlag gelagert werden.
Der September ist der letzte Termin für die Aussaat von Gründüngung auf Beeten und Baumscheiben. Auch wenn die Gründüngung Mitte bis Ende September nicht mehr so viel Masse bildet, ist es für die Bodenfruchtbarkeit besser, als den Boden unbedeckt liegen zu lassen.

↑ Ist die Pfirsich- und Pflaumenernte reichlich, lässt sie sich gut zu Marmelade verarbeiten. Besonders die im Herbst reifenden Zwetschen eignen sich zur Herstellung von delikatem Pflaumenmus.

↓ Senfgurken können nicht nur aus dicken gelben Gurken sondern auch aus Zucchini zubereitet werden, auch süßsauer mit Dill, Meerrettich, Sauerkirschblättern oder Knoblauch finden sie Abnehmer.

Nicht vergessen!

Regelmäßig bewässern und Unkraut entfernen.

Gemüse & Kräuter

Pflanzenvermehrung durch Teilung

Ausdauernde, verholzende Kräuter wie Estragon, Salbei, Thymian und Ysop können trotz Sommerschnitt sehr üppig werden. Deshalb ist jetzt auch noch einmal Zeit, zu groß gewordene Kräuter zu teilen und neu zu pflanzen. Sie werden so tief gesetzt, wie sie vorher standen und gut angewässert.

Rhabarber pflanzen

Rhabarber bringt als Dauerkultur sechs bis acht Jahre auf der gleichen Stelle gute Erträge, wenn er ausreichend mit Nährstoffen und Wasser versorgt wird. Danach ist im September eine Neupflanzung anzustreben. Auf der neuen Fläche darf mindestens sieben Jahre kein Rhabarber gestanden haben. Der Boden wird tief gelockert und mit Humus versorgt. Je nach Wüchsigkeit der Sorte benötigen die Pflanzen 0,7 bis 1 m² Standraum. Entweder Sie teilen eine alte Pflanze oder wählen eine neue interessante Sorte: Rotstielige und rotfleischige Sorten schmecken mild und enthalten weniger Oxalsäure. Zudem bilden sie kaum Blütenstände, die ausgebrochen werden müssten.

Pflege- und Erntearbeiten im Herbst

Wässern ist, besonders auf leichten Böden, auch im September für das Wachstum von späten Gemüsearten notwendig. Gleichzeitig erhalten Spätgemüse wie Chinakohl und dann auch Blumenkohl, Brokkoli,

↓ Die Rhabarberpflanze wird so geteilt, dass Pflanzen mit 500 bis 1000 g Gewicht, mehreren Knospen und Wurzeln entstehen. Gepflanzt wird so tief, dass die Augen 4 cm mit Erde bedeckt sind.

↓ Auch horstbildende Kräuter lassen sich im Herbst teilen und neu pflanzen. Dazu werden die Wurzelballen ausgegraben und mit dem Messer geteilt. An jeder Pflanze müssen genügend Wurzeln sein.

Porree und Grünkohl eine letzte stickstoffhaltige Kopfdüngung und werden gehackt. Porree kann noch einmal angehäufelt werden, damit die Schäfte lang und weiß werden. Da auch im September Gemüsefliegen schlüpfen, die den Porree stark schädigen, müssen die Kulturschutznetze auf den Pflanzen bleiben. Die Ernte von Wurzelgemüsen wie mittelspäten Möhrensorten, Pastinaken und Roter Bete wird fortgesetzt.

Aussaat von Überwinterungsgemüse

Der September ist der letzte Termin, um für den Überwinterungsanbau geeignete Sorten von Spinat und Feldsalat auszusäen.

Arbeiten im Gewächshaus

Auch im nicht heizbaren Gewächshaus oder Zelt sinken im September die Nachttemperaturen stärker ab.

↑ *Rote Bete und Kohlrüben sind schmackhafte Wurzelgemüse, die etwa 100 Tage nach der Aussaat erntereif sind. Für den Frischverzehr kann kontinuierlich bis zum Frosteintritt geerntet werden.*

↓ *Jetzt ist Pflanzzeit, um im Folgejahr Knoblauch zu ernten. Die Zehen werden einzeln, mit dem spitzen Ende nach oben, in mit Kompost angereicherten Boden gesteckt und kaum mit Erde bedeckt.*

Durch Taubildung kommt es zu feuchten Pflanzen und in der Folge breiten sich pilzliche Krankheiten aus. Der Anbau von Gurke, Tomate oder Paprika neigt sich deshalb dem Ende zu. Es lohnt sich aber, auch in kalten Häusern den Anbau von Folgekulturen entsprechend der Fruchtfolge zu planen. Vorher werden die Außenwände gesäubert, damit genügend Licht zur Verfügung steht. Im September können noch Kopfsalat, Endivien oder Kohlrabi gepflanzt werden. Frühe Radies, Ende September ausgesät, sind im ungeheizten Haus im November nach etwa 55 Tagen erntefähig. Feldsalat, ab Mitte September ausgesät, kann im Dezember geerntet werden. Wichtig ist, ihn nicht zu dicht auszusäen (Reihenabstand 15 cm), da es bei zu engem Stand in den lichtarmen Monaten schnell zu Pilzbefall kommen kann. Sinken die Temperaturen kurzzeitig auf Minusgrade, werden die Pflanzen mit Luftpolsterfolie und Vlies geschützt.

↑ *Eine lichte Krone sorgt für gute Besonnung aller Früchte. Die reifen Früchte sind dann qualitativ in Farbe und Geschmack deutlich besser als sogenannte Schattenfrüchte.*

Nicht jeder Apfel ist gesund ...

Ein Befall der Äpfel mit dem Schorfpilz (oben) verhindert normales Fruchtwachstum, fördert den Befall mit Monilia-Fruchtfäule und beeinträchtigt die Lagerfähigkeit. Empfehlung: Nutzung schorfresistenter Sorten.
Falläpfel (unten) sind regelmäßig aufzusammeln, bevor die entstandenen Druckstellen in Fäulnis übergehen. Noch gesunde Früchte werden verwertet, stark angefaulte über den Kompost entsorgt.

Obstgarten

Das A und O des Mulchens

Erntearbeiten haben möglicherweise die Mulchschicht unter Strauchbeeren und auf Baumscheiben in Unordnung gebracht. Außerdem verursachen Umsetzungsprozesse im Verlaufe der Vegetationsperiode einen Schwund. Die Deckschicht schützt den Boden vor Austrocknung, starken Temperaturschwankungen und hält negative Witterungseinflüsse durch direkte Sonnenstrahlung, Regen und Wind ab. Das begünstigt ein intensives Bodenleben, fördert die Bodenfruchtbarkeit und minimiert die Bodenbearbeitung. Im Winter schützt sie die Wurzel vor Frost. Damit all dies gewährleistet ist, sollten Sie die Mulchdecke wiederherstellen: etwa 10 cm dick.
Wichtig ist, dass die Baumwurzeln bei mehrjährigem Mulchen dicht unter der Bodenoberfläche verlaufen. Fällt die Bodenbedeckung nach einigen Jahren weg, werden die Wurzeln und damit das gesamte Gehölz durch Witterungseinflüsse und Bodenbearbeitung schwer geschädigt. Deshalb ist das einmal eingeführte Mulchen auf Dauer beizubehalten. Da holz- und rindenhaltiges Mulchmaterial bei seiner Verrottung Stickstoff beansprucht, muss bei der turnusmäßigen Düngung ein Viertel der Normalmenge zusätzlich gegeben werden.
Von einer Mulchdecke aus Häckselgut aus dem Obstschnittholz ist abzuraten, da es oft Schaderreger beinhaltet.
Allerdings erhöht eine Bodenbedeckung andererseits die Spätfrostgefahr und begünstigt das Einwandern

↑ *Quitte* (Cydonia oblonga) *ist in rohem Zustand ungenießbar. Optimaler Pflückzeitpunkt für die Verwertung zu Marmelade, Gelee, Kompott: Umschlag der Fruchtfarbe von Hellgrün auf Gelb.*

Beerenobst zurückschneiden

Außer Süßkirsche können abgeerntete Bäume in den ersten zehn Tagen des Monats noch ausgelichtet werden. Abgeerntete Himbeer- und Brombeerruten sind zu entfernen, sofern ein Befall mit der Brombeergallmilbe vorliegt. Wenn kein Milbenbefall besteht, können die abgetragenen Ruten als Winterschutz für die jungen Triebe belassen und erst im Frühjahr entfernt werden. Schnittgut zerkleinern und kompostieren.

Nicht vergessen!

Boden bearbeiten, Herbstpflanzung planen. Erdbeeren, besonders die Neupflanzung, bei Trockenheit bewässern und ab Ende September/Anfang Oktober alle Blütenstände und Fruchtansätze entfernen. Fallobst einsammeln und kompostieren. Obstmadenfanggür-

von Feld- und Wühlmäusen (Schädigung durch Wurzelfraß). Schutz bietet ein bei der Pflanzung in die Baumgrube eingelegtes Drahtnetz. Zur Kontrolle muss eine mulchfreie Zone um den Baumstamm bleiben.

Zeit der Äpfel, Birnen und Pflaumen

Die Erntezeit des Kernobstes wird neben den Sortenmerkmalen auch vom Standort und der Unterlage bestimmt. Auf leichten Böden setzt die Reife früher als auf schweren ein. Früchte gleicher Sorte einer Spindel sind früher als die eines Hochstammes reif. Bei den reifenden Herbstsorten ist ein Auspflücken in zwei bis drei Durchgängen ratsam. Die Früchte sind sorgsam in möglichst kleine Behältnisse abzulegen. Druckstellen führen zur Verfärbung des Fruchtfleisches, beeinträchtigen Fruchtqualität und Lagerfähigkeit.
Jetzt geerntete Pflaumen lassen sich bis zu drei Wochen kühl lagern.

Leimringe gegen Frostspanner

Bis Anfang Oktober sollten Leimringe an Obstbäumen angebracht werden. Frostspannerraupen treten im Frühjahr auf und fressen am Neuaustrieb der Gehölze. Da die Weibchen des Frostspanners nicht fliegen können, müssen sie vom Boden aus zur Eiablage in die Baumkrone krabbeln. Dabei lassen sie sich mit Leimringen abfangen. Achten Sie darauf, dass die Ringe fest am Stamm anliegen.

Ziergarten

Gefährliche Pracht: Giftige Ziersträucher

Die Farben der Blüten und Früchte bereichern unsere Kleingärten. Einige giftige Pflanzenarten sollte man im Auge behalten, besonders wenn Kinder zu den Gartenbesuchern zählen. Zu diesen Pflanzen gehören die Früchte der Eibe , Berberitze, Fingerhut Goldregen, Pfeifenstrauch, aber auch das Maiglöckchen.

Ernte der Gladiolenknollen

Obwohl man mit der Knollenernte bis in den Oktober warten könnte, ist eine Ernte im September vorzuzie-

↑ Wer in seinem Garten mit Wühlmäusen zu tun hat, sollte seine Blumenzwiebeln in Legegefäße auslegen und in der entsprechenden Tiefe am gewünschten Ort einsetzen.

↓ Jetzt ist die Zeit, um frühjahrsblühende Zwiebelblumen zu setzen. Je größer die Zwiebel, umso tiefer wird sie in die Erde gesteckt. Eine Bodenabdeckung mit Rindenmulch wirkt sich günstig aus.

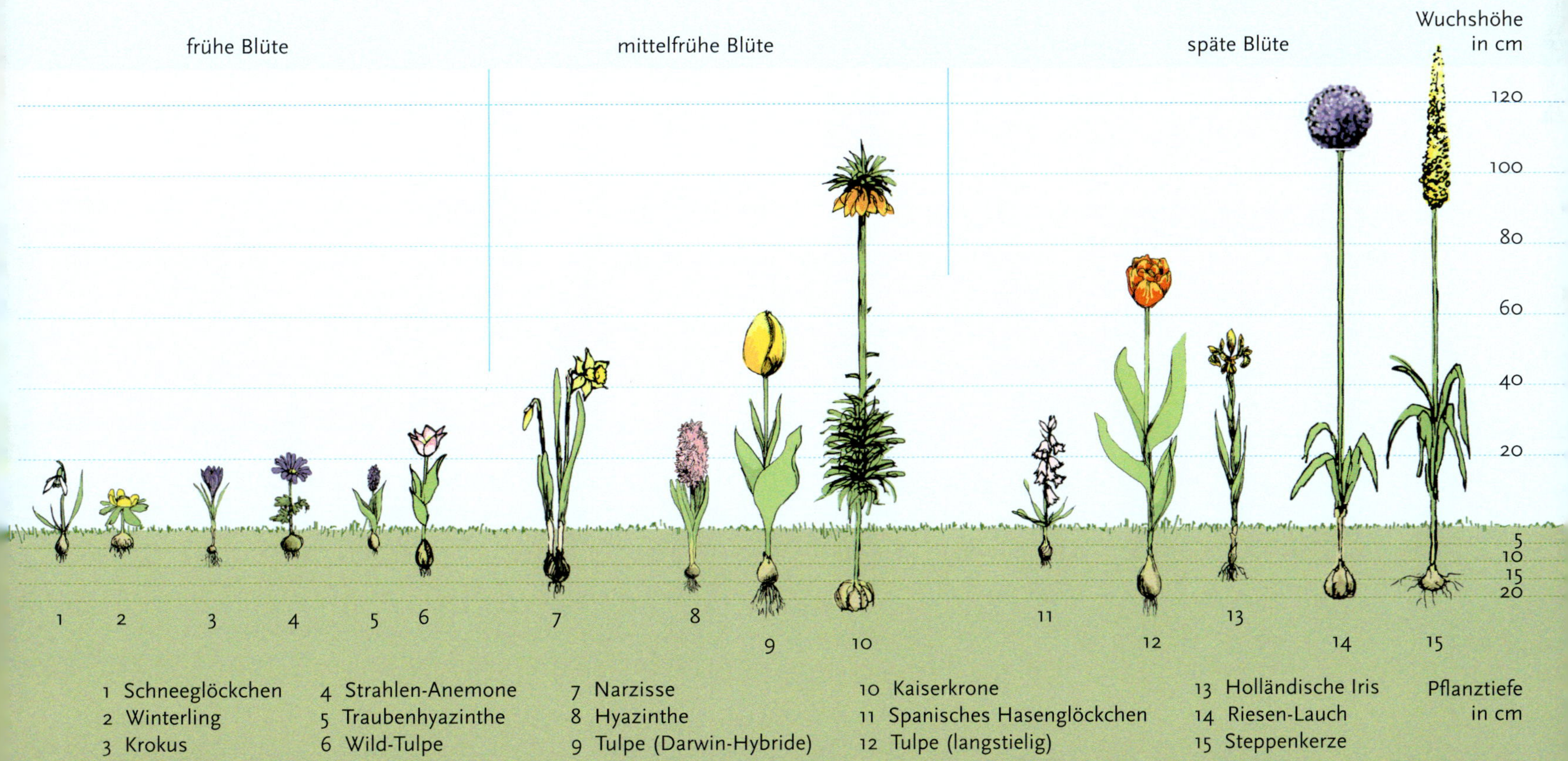

Spinnmilben an Oleander

Trockenes und warmes Wetter bietet ideale Bedingungen für das Auftreten von Spinnmilben an Oleander.

Ein Befall zeigt sich durch hell gesprenkelte Blätter. Später färben sich die Blätter fahl und trocknen ein. Bei einer Bekämpfung ist es wichtig, dass die Maßnahmen mehrmals wiederholt werden. Achten Sie bei Spritzmaßnahmen außerdem darauf, dass auch die Blattunterseiten ausreichend benetzt werden. Dort halten sich die Tiere auf.

hen. Krankheiten und Schädlinge, besonders der Gladiolenthrips, ziehen sich beim Absterben der Blattmasse mit nach unten, bis in den Bereich der Knolle. Den frühesten Rodezeitpunkt erkennt man am Absterben der Wurzeln: Sie beginnen innen braun zu werden. Das Ausgraben der Gladiolenknollen erfolgt mit einer Grabegabel, Spaten sind ungeeignet, da die Knollen nicht beschädigt werden dürfen. Die oberirdischen Pflanzenteile der Gladiolenknollen werden auf gut eine Handbreite zurückgeschnitten (nicht gebrochen!). Die abgeschnittenen Pflanzenteile sind meist mit Krankheiten und Schädlingen durchdrungen und sollten daher am besten entsorgt werden. Die geernteten Gladiolenknollen werden in zwei Schichten in Stiegen oder Kisten gelegt und in einem luftigen Raum getrocknet. Danach werden sie in einem frostfreien Raum bei geringer Luftfeuchtigkeit bis zum Auspflanzen gelagert.

Legen der frühjahrsblühenden Blumenzwiebeln

Narzissen können noch bis in den Oktober hinein gepflanzt werden. Die Pflanztiefe (s. S. 101) sollte bei 12 bis 15 cm und der Zwiebelabstand im Tuff in jede Richtung 15 cm betragen. Alte Horste von Narzissen sind etwa alle fünf Jahre aufzunehmen und an einem anderen Standort wieder einzusetzen.

Hyazinthen können auf geeigneten Bodenverhältnissen, in einer warmen sonnigen und trockenen Lage jahrelang kultiviert werden. Die Pflanztiefe ist von der Bodenbeschaffenheit abhängig. In schweren Böden reichen 10 cm Pflanztiefe, auf leichten Böden sind 15 cm angebracht. Im Tuff gelegte Hyazinthen benötigen einen allseitigen Abstand von 15 cm. Beim Setzen der Hyazinthenzwiebeln ist darauf zu achten, das der Zwiebelboden nicht beschädigt wird.

Tulpen können von Ende September bis in den Oktober in den Boden gebracht werden. Die Pflanztiefe bei Tulpen beträgt 10 cm. Bei einer Reihenpflanzung ist ein Reihenabstand von 20 cm und ein Abstand in der Reihe von 10 cm erforderlich. Bei einer Tuffpflanzung reicht ein allseitiger Abstand von 10 cm.

Bei allen drei Pflanzenarten bewährt sich eine Bodenabdeckung mit 5 cm feinem Rindenmulch. Nach der Pflanzung wird dadurch die Feuchtigkeit gehalten und im Winter wirkt sie als Bodenschutzdecke gegen Frostschäden.

Frostschutzmaßnahmen.

Verfolgen Sie den Wetterbericht: Ende des Monats ist mit den ersten Nachtfrösten zu rechnen. Beachten Sie auch das Kleinklima in Ihrer Kleingartenanlage. Überwinterungsräume sind vorzubereiten und vor Frost schützendes Material ist bereitzulegen. Bei Frostgefahr empfindliche Kübelpflanzen schützen!

Gemüse & Kräuter

Späte Ernten

Salat- und Wurzelgemüsearten wachsen bei milder Witterung auch noch Anfang Oktober. Sie vertragen etwas Frost. Steht aber eine längere kalte Periode bevor, sollten Sellerie, Möhren, Rote Bete und Pastinaken an einem trockenen Tag geerntet und eingelagert werden. Salatgemüse können, mit Noppenfolie oder dickerem Vlies abgedeckt, noch fortlaufend geerntet werden. Fruchtgemüse ist kälteempfindlicher. Die meisten Arten sterben schon bei +4 °C ab. Deshalb werden Bohnen und Tomaten spätestens Anfang Oktober abgeerntet. Die grünreifen Tomaten werden zum Nachreifen am besten gemeinsam mit einem Apfel (Ethylenabgabe) gelagert. Anfang Oktober ist der beste Erntezeitpunkt für Winterkürbisse, da Kürbisse keinen Frost vertragen. Um bei feuchtem Wetter und schweren Boden das Faulen des Kürbisses zu verhindern, können kleine Brettchen unter die Frucht gelegt werden. Ob Butternut, Gelber Zentner, Hokkaido, Muskatkürbis, Türkenturban – sie alle werden, wenn die Schale hart ist, der Stiel verholzt und der Kürbis beim Klopfen hohl klingt, mit dem Stiel abgeschnitten.

Fürs nächste Jahr vorsorgen

Für zeitige Ernten im nächsten Jahr kann jetzt schon vorgesorgt werden. In Gegenden mit nur geringen Barfrösten können Wintersteckzwiebeln gelegt und Wintersalat oder Winterblumenkohl gepflanzt werden.

↓ *Werden die Kürbisse zum optimalen Zeitpunkt geerntet, kann man sie, warm und trocken gelagert, einige Monate aufbewahren. Angeschnittene oder verletzte Kürbisse halten dagegen nur wenige Tage.*

↓ *Möhren werden in den Saatgutkatalogen in vielfältigen Formen und Farben angeboten. Die intensiv orange bis violett gefärbten Sorten enthalten besonders viele Inhaltsstoffe, probieren lohnt.*

Obstgarten

Früchte ernten und lagern

Sobald die ersten Quittenfrüchte fallen, ist es höchste Zeit für die Ernte. Die Weinlese für Spätsorten beginnt Mitte Oktober. Bei der Kiwi-Ernte ist zu beachten: Großfrüchtige Kiwi sind frostempfindlich, kleinfrüchtige nicht. Die Kernobst-Lagersorten erreichen jetzt ihre Pflückreife. Zu früh geerntete Früchte welken bald und erreichen nicht den sortentypischen Geschmack. Daher lieber etwas später als zu früh pflücken. Geerntet wird bei möglichst niedrigen Temperaturen. Am Baum sind –3 °C unbedenklich, sofern die Früchte nicht berührt werden. Nur einwandfreie Früchte gehören ins Lager. Optimal ist eine Lagerung bei 0 bis 5 °C und 80 bis 90 % Luftfeuchte.
Neben einem geeigneten Keller kann auch die Laube als Lagerraum dienen. Belüften und Abdecken mit Isoliermaterial halten starke Temperaturschwankungen vom Lagergut fern. Die Lagerung in Flachstiegen erleichtert die notwendige zweiwöchige Kontrolle. Bewährt haben sich auch perforierte Folienbeutel.

Nicht vergessen!

Bei großer Trockenheit Erdbeeren bewässern; kranke Früchte entfernen; Madenfanggürtel abnehmen und Leimringe anbringen, falls noch nicht geschehen.

↓ *Ein alte Konservierungsmethode für Apfel, Birne und Pflaume, die die Inhaltsstoffe schont, ist das langsame Trocknen in der Backröhre bei ca. 35 °C oder aufgereiht in einem trockenen, warmen Raum.*

Obst richtig lagern

1 | Die Lagerung in Holzregalen ist übersichtlich und erleichtert die Kontrolle. Obstsorten und -arten sind voneinander zu trennen. Eine Einhüllung des Regals in Folie verbessert die Luftfeuchte und verlängert die Haltbarkeit der Früchte.

2 | Als Alternative zu einem Obstkeller kann man seine Äpfel auch in verschließbaren Folienbeuteln (PET) in einem möglichst dunklen, kühlen Raum aufbewahren. Austrocknung und Reifeprozesse werden verlangsamt. Den Beutel ab und zu lüften.

↑ 1. *Dahlienknollen mit einer Grabegabel aus dem Boden nehmen, Erde zwischen den Knollen ausschütteln und kontrollieren, dass keine Knollenteile beschädigt wurden (Gefahr von Fäulnis).*

↑ 2. *Anschließend die Pflanzenstängel der von Erde befreiten Knollen bis auf ungefähr 10 cm zurückschneiden. Knollen vor dem Einlagern gut abtrocknen lassen.*

↑ 3. *Die zurückgeschnittenen und abgetrockneten Dahlienknollen werden in einem Überwinterungsgefäß in Torf eingeschlagen. Die Knollenhälse bleiben dabei unbedeckt.*

Ziergarten

Ernte der Knollen- und Rhizomgewächse

Bevor der Frost tiefer in den Boden eindringt, müssen die Knollen der Gladiolen und Dahlien sowie die Rhizome des Blumenrohrs *(Canna)* geerntet werden. Der rhizomartige Wurzelstock der Canna wird nicht ausgeschüttelt und ohne Vortrocknen eingelagert.

Überwinterung von Kübelpflanzen

Bei der Pflanzenüberwinterung ist auf die Kältetoleranz der einzelnen Arten zu achten. Je kürzer ihre Überwinterungszeit ist, desto weniger werden die Pflanzen geschwächt. Lassen Sie also die einzelnen Pflanzen so lange wie möglich draußen stehen.

Sie vertragen keinen Frost: Zier-Banane *(Ensete ventricosum)*, Bougainvillee *(Bougainvillea)*, Strauchmargarite *(Chrysanthemum frutescens)*, Zitrus-Arten *(Citrus)*, Geranien *(Pelargonium)*, Palmfarn *(Cycas revoluta)*, Roseneibisch *(Hibiscus × hybrida)*, Feuer-Salbei *(Salvia splendens)*, Trompetenbaum *(Datura aurea)*.

Sie vertragen Frost bis –5 °C: Aukube *(Aucuba japonica)*, Brautmyrte *(Myrtus communis)*, Schmucklilie *(Agapanthus praecox)*, Erdbeerbaum *(Arbutus unedo)*.

Sie vertragen kurzfristig bis –10 °C: Granatapfel *(Punica granatum)*, Hanfpalme *(Trachycarpus fortunei)*, Kreppmyrte *(Lagerstroemia indica)*, Oleander *(Nerium oleander)*, Orangenblume *(Choisya ternata)*.

Je heller ein Überwinterungsraum ist, umso höher darf die Temperatur darin sein. Gewährleisten Sie bei Außentemperaturen von über 0 °C eine durchgängige Belüftung der Überwinterungsräume.

Die Gefäße winterharter Kübelpflanzen werden in Isoliermaterial eingebunden oder in den Gartenboden eingesenkt und abgedeckt.

Winterschutz für Stauden und Rosen

Empfindliche Stauden wie Enzian oder Edelweiß werden mit Reisig abgedeckt. Schneiden Sie Stauden vor dem Winter nicht zurück. Hohe Gräser, die am Stängelgrund verholzen, z. B. Pampasgras, werden zusammengebunden, damit keine Nässe in den Pflanzenkern eindringt. Buschrosen werden im Oktober oder November mit Komposterde angehäufelt. Die Kronen von Rosenhochstämmen werden nach unten gebogen und mit 10 cm Erde bedeckt.
Sollten die Stämme nicht mehr so biegsam sein, wird die Krone mit geeignetem, durchlässigem Material geschützt (s. auch S. 117).

Rosen pflanzen

1 | Triebe auf 20 cm zurückschneiden, Wurzeln einkürzen, beschädigte Wurzelteile entfernen.

2 | Wurzeln in flüssigen Lehmbrei tauchen. Das Pflanzloch so tief ausheben, dass die Veredlungsstelle etwa 5 cm unter der Erdoberfläche liegt. Die Wurzeln dürfen nicht geknickt werden.

3 | Aushub mit Komposterde und Langzeitdünger verbessern, ins Pflanzloch einfüllen. Pflanze leicht rütteln, damit Erde zwischen die Wurzeln rieselt, kräftig andrücken, wässern.

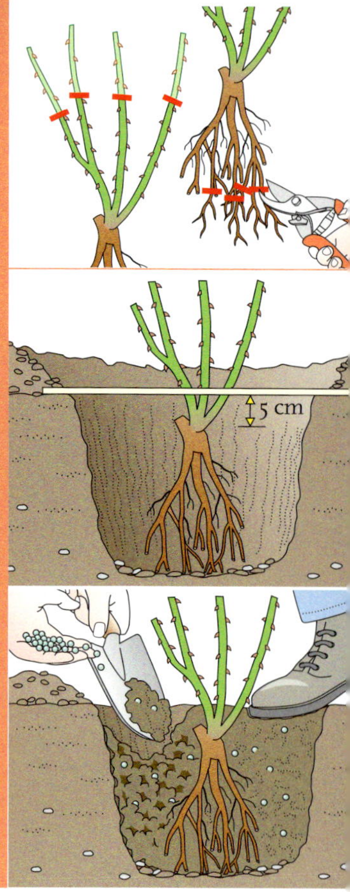

↓ Solange die Böden noch frostfrei sind, können gut durchwurzelte Gehölze und Stauden aus Containern, wie hier die Lupine, noch gepflanzt werden.

Laubabwerfende Gehölze jetzt pflanzen

Der Oktober eignet sich sehr gut zum Pflanzen laubabwerfender Gehölze (Rosen s. oben), da diese bis zum Eintritt stärkerer Fröste noch Wurzeln bilden können: Vor der Pflanzung beschädigte Wurzeln bis in den gesunden Bereich zurückschneiden. Zur Wasseraufnahme das Gehölz für einige Stunden in eine Wanne mit Wasser stellen. In der Zwischenzeit das Pflanzloch ausreichend groß ausheben. Pflanzgrubengrund lockern und, entsprechend der Bodenqualität, mit Komposterde verbessern. Die Pflanzen so tief in die Pflanzgrube setzen, wie sie vorher im Container gestanden haben. Abschließend die Erde zwischen den Wurzeln verteilen (durch leichtes Schütteln des Wurzelwerkes) und nach einem leichten Festtreten angießen. Ein Abdecken der Pflanzscheibe mit Rindenmulch ist zu empfehlen.

Vereinsleben

Erntedank

Der Abschied vom Gartenjahr steht vor der Tür. Lassen Sie den Erntesegen der zurückliegenden Monate und auch die schönen Stunden mit den Gartennachbarn, in der Gemeinschaft des Vereins, Revue passieren. Mit Sicherheit gibt es da eine ganze Reihe von Ereignissen, über die geschmunzelt wird, aber auch einige ernste Themen, über die man nachdenken und an deren Lösung man arbeiten will. Die Winterruhe lässt dafür Zeit. Es liegt nahe, die Früchte des Gartenjahres gemeinsam mit einem Erntedankfest zu feiern.

Halloween

Und auch Halloween will noch gefeiert werden – mit einer Nacht der Kürbisse. Zwar müssen wir mit den mit Kerzen beleuchteten ausgehöhlten Kürbissen nicht mehr die Geister Verstorbener fernhalten, aber Geistergeschichten darf man sich noch immer erzählen oder vorlesen. Es ist mit Sicherheit ein Erlebnis der besonderen Art, wenn Kinder an dieser Feier mitwirken können. Von der Aussaat bis zur Ernte konnten sie ihre eigenen Kürbisse begleiten, möglicherweise haben sie sie sogar selbst gesät, gepflegt und geerntet. Nun schnitzen sie Gesichter in die ausgehöhlten Früchte. An Halloween, dem 31. Oktober, veranstalten dann die Eltern mit den Kindern ein Laternenfest, ein Kartoffelfeuer oder gar ein Erntefest für Groß und Klein. Das alles wird zu einem gelungenen Abschluss der Gartensaison.

↓ *Ein solcher Erntesegen erfüllt nicht nur mit Stolz, er sichert auch für einen längeren Zeitraum die eigene Obstversorgung aus ökologischem Anbau und entlastet die Haushaltskasse.*

↓ *Spielzeug frei Haus – was werden die beiden aus der Vielfalt von Kürbissen, Kastanien und Blättern wohl zusammenbasteln? Gelüftet wird das Geheimnis erst später, vielleicht an Halloween ...*

November

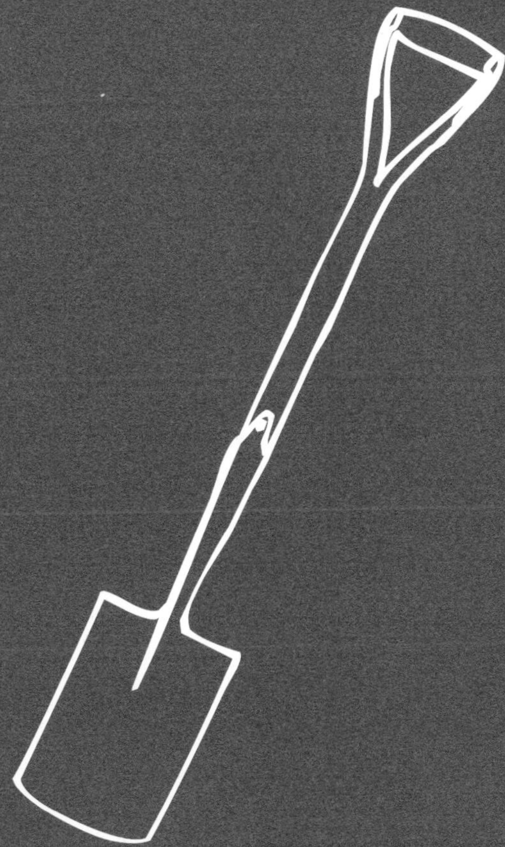

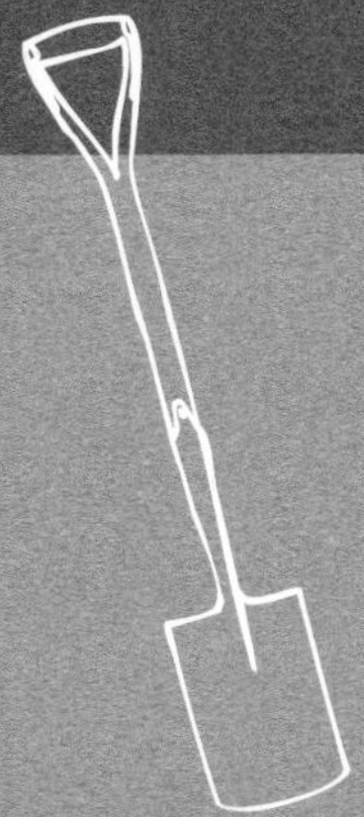

Das Ende des Gartenjahres macht sich mit Wind, **Regen** und kalten Temperaturen bemerkbar – auch die allerletzte Blütenpracht ist inzwischen verwelkt. Nur Früchte, **Herbstlaub** und der Rindenschmuck mancher Gehölze sorgen noch für ein bisschen Farbe. Im November hat der Kleingärtner aber noch alle Hände voll zu tun. Jetzt geht's dran, aufzuräumen. Garten und Laube müssen **winterfest** gemacht werden.

↑ *Wenn man umgraben möchte, sollte das im Herbst so spät wie möglich erfolgen, damit organische Substanz wie Laub oder Mulch, die mit eingegraben wird, nicht bis zum Frühjahr zersetzt wird.*

Pflege muss sein

Zum Abschluss der Gartensaison sollten Gartengeräte einer besonderen Pflege unterzogen werden: Zuerst ist eine Reinigung von anhaftender Erde oder Pflanzensäften, die Krankheiten übertragen können, und eine Rostentfernung notwendig.

Anschließend werden alle Eisenteile mit Maschinenöl zur Korrosionsvorbeugung eingefettet, wobei Federn und Scharniere von Garten-, Hecken- und Astscheren besondere Sorgfalt verdienen, um ihre Funktionsfähigkeit zu gewährleisten. Nicht mehr scharfe Messer werden geschliffen oder ausgewechselt.

Der Kleingarten im November

Wenn die Bodentemperatur im November langfristig auf Temperaturen von unter 5 °C sinkt, kann die Gründüngung eingegraben werden. Sinnvoller ist es aber, auf dem Beet abfrieren zu lassen. Dadurch ist die Bodenoberfläche vor Witterungseinflüssen besser geschützt.

Da im kalten Boden nicht mehr so viel Umsetzungsprozesse ablaufen, können Ende November Bodenproben zur Bestimmung des Nährstoffgehaltes genommen werden (siehe März, S. 22).

Pflanzen vor dem Winter schützen

Viele Zierpflanzen, aber auch überwinterndes Gemüse sind für Winterschutz dankbar. Ab November sollte deshalb Laub, Fichten- oder Kiefernreisig, dickes Vlies, oder Schilfmatten zur Verfügung stehen. Der Winterschutz wird bei Bedarf aufgelegt.

Gartengeräte im Winter

Jetzt ist Zeit, die Gartengeräte auf ihre Funktion zu überprüfen und zu pflegen. Nach dem Reinigen werden die Kanten von Spaten, Schuffeln oder Hacken angeschliffen, damit sie wieder leichter durch den Boden gleiten. Geräte mit Holzstielen wie Spaten, Grabegabel, Schaufel, Hacke, Harke und Grubber brauchen eine Portion Extrapflege. Die Stiele werden geglättet und mit Öl getränkt, gelockerte Holzgriffe und Werkzeuge werden wieder befestigt. Begutachten Sie Ihre Sägen und wechseln Sie, wenn notwendig, das Säge-

↑ *Sind Barfröste angesagt, sollten Rosen, junge Ziergehölze, empfindliche Gräser, Winterkopf- und Feldsalat mit aufgelegtem Fichtenreisig, Kiefernzweigen oder Wintervlies geschützt werden.*

blatt – für den Baumschnitt ist es wichtig, dass diese sehr scharf sind. Auch der Rasenmäher wird nach dem letzten Schnitt gründlich gereinigt, denn Grasreste fördern das Rosten. Anschließend werden bewegliche Teile mit Maschinenöl geölt. Die Geräte sollten das ganze Jahr über trocken aufbewahrt werden. Lohnt eine Reparatur nicht mehr, sollten im Winter neue Geräte zugekauft werden, damit alle Geräte im Frühjahr einsatzfähig sind. Spätestens Anfang November wird das Wasser abgestellt, die Rohre im Garten und in der Laube und eventuell vorhandene Wasserboiler sollten Sie entleeren. Bewegliche Bewässerungsanlagen werden nun abgebaut, die Schläuche entleert und knickfrei aufgerollt. Schläuche sollten liegend und geschützt überwintern. Reinigen Sie Pflanzenstützpfähle, damit Krankheiten nicht überwintern und lagern sie sie an einem geschützten Platz. Schuppen und Laube werden winterfest gemacht.

Gemüse & Kräuter

Bei mildem Wetter ist Anfang November noch Zeit, das letzte Spätgemüse zu ernten. Es kann, wenn es gut abgetrocknet ist, eingelagert werden. Wintergemüse wie Grünkohl und Rosenkohl bilden nach einer längeren kalten Periode verstärkt Zucker und bekommen dadurch einen delikaten, süßlichen Geschmack. Deshalb sollte die Ernte nicht vor November beginnen. Halbhohe Grünkohlsorten können bis weit in den Winter stehen, da sie durch Schnee geschützt werden. Porree, Schwarzwurzeln, Wurzelpetersilie und Möhren, die auf dem Beet überwintern sollen, bekommen vor dem Beginn stärkerer Fröste eine Laub- oder Strohauflage. Dann ist es auch möglich, bei leichtem Frost zu ernten. Um im Winter frische Kräuter ernten zu können, werden jetzt Schnittlauch- und Wurzelpetersiliepflanzen ausgegraben und eingetopft, die Töpfe in die Erde gesenkt und abgedeckt. Bei Bedarf werden sie zum Treiben in die Küche geholt.

Letzte Pflegarbeiten im Spargelbeet

Wenn das Spargelkraut gelb wird, hat die Pflanze die Nährstoffe ins Rhizom eingelagert. Das Kraut wird Mitte bis Ende November abgeschnitten. Gab es keinen Krankheitsbefall, kann es geschreddert und zum Mulchen zwischen den Reihen verwendet werden.

Nicht vergessen!

Bepflanzte Frühbeete und Gewächshäuser bei mildem Wetter auch im Winter lüften, damit sich keine pilzlichen Krankheiten ausbreiten. Wird es zu kalt, die Pflanzen mit Matten, Laub oder Noppenfolie schützen.

Obstgarten

Jetzt ist wieder Pflanzzeit (Hinweise zur Pflanzung s. S. 26) Entscheidungen über Obstart, Sorte (regionale und resistente Sorten bevorzugen!), Baum- und Strauchform sind zu treffen. Lassen Sie sich in einer Baumschule beraten. Die Qualität einer Markenbaumschule ist bei der Langlebigkeit der Gehölze lohnend.

Nicht vergessen!

Obstlager kontrollieren, Fraßschutz gegen Wildverbiss anbringen, Wühlmauskontrolle. Obstlaub sammeln, zerkleinern und kompostieren (Schorfgefahr).

↑ *Auch winterharte Kübelpflanzen sind zu schützen, bevor das Substrat gefriert und eine Wasseraufnahme verhindert wird. Oberirdische Pflanzenteile mit Tannenzweigen gegen die Wintersonne schützen.*

Fruchtmumien entfernen

Im Obstbaum hängende Fruchtmumien, die von der *Monilia*-Fäule befallen sind, stellen eine andauernde Infektionsquelle dar. Sie sollten deshalb entfernt werden. Dies gilt auch für heruntergefallene Früchte. Ein sofortiges Aufsammeln kranker Früchte vermindert außerdem die Gefahr, dass Schädlinge wie der Apfelwickler, Pflaumenwickler oder die Kirschfruchtfliege im nächsten Jahr erneut auftreten.

Ziergarten

Blühende und immergrüne Ziersträucher schützen

Neben Kübelpflanzen und einigen Stauden sind Rosen (s. S. 117 oben) und weitere Ziergehölze besonders in schneearmen Wintern gefährdet und daher spätestens jetzt zu schützen. Sommerflieder *(Buddleja)*, Kreuzdorngewächs *(Ceanothus)*, Straucheibisch *(Hibiscus syriacus)* und Schneeflockenstrauch *(Chionanthus virginicus)* können bis zum Boden zurückfrieren. Die Bodenfläche unter diesen Gehölzen ist mit einer 2 cm dicken Laubschicht abzudecken. Zusätzlich ist jede Pflanze nochmals in der gleichen Höhe mit Laub

Winterschutz bei Rosen

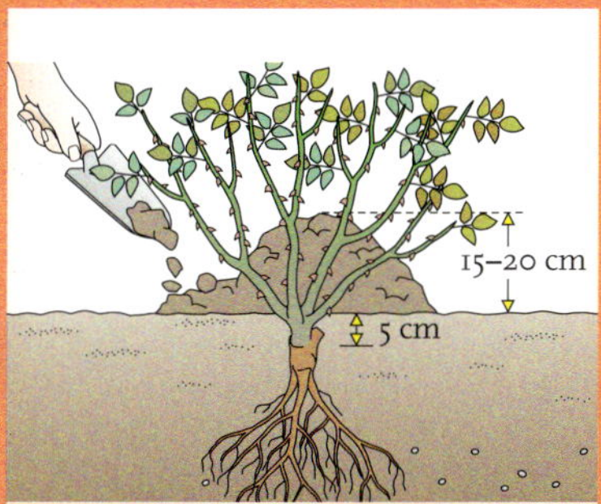

1 | Veredelte Edel-, Beet- und Zwergrosen als Frostschutz anhäufeln. Dazu Komposterde verwenden, keine Erde aus der Nähe der betreffenden Pflanze, da dadurch die Wurzeln freigelegt werden könnten.

2 | Um starke Temperaturdifferenzen zwischen der Wintersonne am Tag und den Nachtfrösten zu minimieren, werden die Triebe der Rosen mit Tannen- oder Fichtenreisig abgedeckt.

Hochstämmchen schützen

1 | Junge Hochstammrosen, die noch biegsame Stämme haben, können in waagerechter Lage überwintern: Zuerst Stützpfahl entfernen, den Stamm mit Reisig umwickeln und wie bei Edelrosen anhäufeln.

2 | Den vorbereiteten Rosenhochstamm langsam biegen, in die waagerechte Lage bringen und mit Haken fixieren. Die zusammengebundene Krone mit 10 cm Erde bedecken.

anzuhäufeln. Sonne und scharfe Ostwinde erhöhen die Verdunstung über die Blätter. Mit einem leichten Gerüst, auf dem man Reisig befestigen kann, werden Immergrüne, z. B. Kirschlorbeer, Alpenrosen *(Rhododendron)* und auch die Eiben, geschützt. Im Rahmen der Winterfestmachung der Gartenparzellen werden Wasserpumpen und -leitungen entleert. Vorher sollten Sie alle immergrünen Gehölze an einem frostfreien Tag noch einmal ausreichend gießen.

Letzte Rasenpflege vor dem Winter

Befreien Sie den Rasen von heruntergefallenen Blättern der Laubbäume. Ein Auswintern des Rasens kann verhindert werden, wenn man eine etwa 5 cm dicke Erdschicht aus Komposterde gleichmäßig aufträgt. Ist für das kommende Jahr eine neue Rasenfläche vorgesehen, sollte bereits jetzt die Fläche umgegraben werden und ungeharkt bis zum Frühjahr liegen bleiben. Die Erde kann sich in diesem Zeitraum setzen und muss im Frühjahr vor der Aussaat nur noch geharkt werden.

Vereinsleben

Der Winter steht vor der Tür und es wird Zeit, die Kleingärten gründlich auf die kalte Jahreszeit vorzubereiten. Die letzten Gemeinschaftsarbeiten werden fällig: Gemeinschaftsflächen räumen, das Vereinshaus winterfest machen, die Wasserleitungen entleeren sowie alle durch Frost gefährdeten Wasser führenden Einrichtungen sichern. Die Verkehrssicherheitspflichten für die Winterperiode sind zu gewährleisten. Besonders in kalten und schneereichen Regionen ist ein Sicherheitsdienst für die Wintermonate zu planen.

Dezember

Winterlich, still und in **Adventsstimmung** – vielleicht auch schon in ein weißes Kleid gehüllt – so zeigt sich der Garten im Dezember. Bei diesem Anblick kommen uns **Erinnerungen** an das vergangene Gartenjahr und Ideen für das neue Jahr in den Sinn. Im Garten gibt es nur wenig zu tun: Spätestens wenn die Schneedecke dauerhaft geschlossen ist, sollte man mit dem Füttern der **Vögel** beginnen, damit sie den Winter gut überstehen und in ein paar Monaten den Frühling begrüßen können.

Der Kleingarten im Dezember

Das Gartenjahr neigt sich dem Ende, es sind nur noch wenige Arbeiten nötig: Länger schon aufgeschobene Reparaturen an Laube und Geräten durchführen, einen Futterplatz für Vögel einrichten, eventuell noch den Komposthaufen umsetzen, eingelagertes Obst und Gemüse kontrollieren und bei stärkerem Frost Abdeckmaterial auf die Beete auflegen. Das erfordert doch regelmäßige Gartenbesuche.

Gemüse & Kräuter

Jetzt ist Zeit, gemütlich bei einer Tasse Kräutertee aus dem Garten die Aufzeichnungen im Gartentagebuch zu lesen. Was ist gelungen, welche Probleme gab es? Es lohnt sich, Fachliteratur zu kaufen oder einen Gartenlehrgang zu buchen, um sich spezielleres Wissen anzueignen. Wie wäre es im neuen Jahr mit einer Kräuterspirale oder einem neuen Hochbeet, oder, oder …

↓ *Wenn Samenstände von Stauden, Sommerblumen und Kräutern nicht zurückgeschnitten werden, bietet der Garten auch im Winter einen interessanten Anblick und liefert für Tiere Nahrung und Unterschlupf.*

↓ *Immergrüne Bäume und Sträucher sollten nach starkem Schneefall, vor allem bei nassem Schnee, von der Schneelast befreit werden, um Ast- und Zweigbrüche zu verhindern.*

Obstgarten

Im Dezember können Schlussfolgerungen für das kommende Gartenjahr gezogen und eventuell Neupflanzungen geplant werden. Abgängige Gehölze sind zu roden. Schnittmaßnahmen, auch Pflanzschnitt, werden auf Februar oder März verlegt.

Nicht vergessen!

Fruchtmumien entfernen, Lagerobst kontrollieren, Schutzmaßnahmen gegen Wildverbiss ausführen.

Ziergarten

Schutz vor Schneeschäden

Immergrüne Gehölze wie Rhododendren und Koniferen leiden unter einer starken Schneelast. Es besteht die Gefahr von Ast- und Zweigbrüchen. Man sollte daher den Schnee immer wieder durch leichtes Schütteln mit der Hand oder einem Besen von den Zweigen rieseln lassen. Bei säulenförmigen Koniferen kann nasser Schnee in größeren Mengen das Auseinanderbrechen der Säulen verursachen. Dies kann vermieden werden, indem man mit einem Bindematerial oder Drahtspangen eine Waagerechtstellung der Zweige verhindert.

Steingarten säubern

Im Steingarten sind die Stauden von spätem Falllaub der Bäume zu befreien, um so ein Abtrocknen zu ermöglichen und eine Fäulnisentwicklung zu verhindern.

↑ *Weihnachtliches Flair lässt sich nicht nur mit Lichterketten erzeugen, auch Tannengrün und Äpfel zaubern Stimmung in den Garten. Die Vogelwelt wird es Ihnen im nächsten Frühjahr sicher danken.*

Vereinsleben

Die kommenden Festtage rufen die Kleingärtnergemeinschaft nochmals auf den Plan. Natürlich gibt es im Verein eine Weihnachtsfeier. Im festlich gestalteten Vereinsheim wird bei Gutem aus Küche und Keller Rückschau auf das Gartenjahr gehalten und neue Pläne werden geschmiedet. Mit einem gemeinsamen „Oh du fröhliche“ verabschiedet man sich in Erwartung froher Feiertage und vielleicht auch schon mit ein bisschen Ungeduld auf das neue Gartenjahr...

Pflanze	*Pflanzenfamilie*	*Mischkulturpartner*	*Nährstoff-Bedürfnis*	*Folgekulturen*
Aubergine	Nachtschattengewächs	Weiße Bohne	xxx	Gänsefußgewächse, Kreuzblütler
Basilikum	Lippenblütler	Fenchel, Gurke, Tomate, Zucchini	xx	Kürbisgewächse, Nachtschatten-gewächse
Blumenkohl, Brokkoli	Kreuzblütler	Buschbohne, Erbse, Phacelia, Sellerie	xxx	Nachtschattengewächse
Bohnenkraut	Lippenblütler	Bohne, Rote Bete, Salat	x	Kürbisgewächse, Nachtschatten-gewächse
Borretsch	Rauhblattgewächse	Bohne, Erdbeere, Erbse, Kohlarten	x	alle Pflanzenfamilien
Buschbohne	Schmetterlingsblütler	Bohnenkraut, Borretsch, Chinakohl Dill, Erdbeere, Gurke, Kapuziner-kresse, Kartoffel, Kohlarten, Radies, Rettich, Rote Bete, Salat, Salbei, Sellerie, Spinat, Tomate	x	Gänsefußgewächse, Lilien-gewächse
Dill	Doldenblütler	Erbse, Möhre, Gurke, Kohlarten, Rote Bete, Salat, Zwiebel	x	Gänsefußgewächs, Schmetterlingsblütler
Endivie	Korbblütler	Fenchel, Kohlarten, Porree, Stangenbohne	xx	Gänsefußgewächse, Liliengewächse, Nachtschattengewächse
Erbse	Schmetterlingsblütler	Borretsch, Dill, Fenchel, Gurke, Kohlarten, Kohlrabi, Mais, Möhre, Radies, Rettich, Salat, Sellerie, Spinat, Zucchini	x	Gänsefußgewächse, Liliengewächse
Erdbeere	Rosengewächse	Borretsch, Buschbohne, Knoblauch, Porree, Radies, Ringelblume, Salat, Spinat	xx / xxx	Doldenblütler, Kreuzblütler, Kürbis-gewächse
Feldsalat	Baldriangewächse	Erdbeere, Radies	x	Alle anderen Pflanzenfamilien
Gemüse-Fenchel	Doldenblütler	Endivie, Erbse, Feldsalat, Gurke, Salat, Sellerie	xx	Gänsefußgewächs, Schmetterlings-blütler
Gurke	Kürbisgewächse	Basilikum, Bohne, Dill, Erbse, Fenchel, Kohlarten, Kümmel, Mais, Porree, Rote Bete, Salat, Sellerie, Zwiebel	xx / xxx	Gänsefußgewächse, Liliengewächse
Kartoffel	Nachtschattengewächs	Buschbohne,Kapuzinerkresse, Kohl-rabi, Kümmel, Mais, Meerettich, Pfefferminze, Spinat, Tagetes	xxx	Gänsefußgewächse, Kreuzblütler
Knoblauch	Liliengewächse	Erdbeere, Gurke, Himbeere, Möhre, Rote Bete, Tomate	xx	Doldenblütler, Gänsefußgewächse, Korbblütler, Kreuzblütler, Kürbis-gewächse, Nachtschattengewächse, Schmetterlingsblütler
Kopfkohl (Rotkohl, Weißkohl, Wirsing	Kreuzblütler	Bohne, Borretsch, Dill, Endivie, Erbse, Gurke, Rote Bete, Salat, Sellerie, Spinat, Tagetes, Tomate	xxx	Liliengewächse, Nachschattenge-wächse
Kohlrabi	Kreuzblütler	Bohne, Borretsch, Dill, Erbse, Erd-beere, Gurke, Fenchel, Kartoffel, Porree, Radies, Rote Bete, Salat, Schwarzwurzel, Sellerie, Spinat	xx	Doldengewächse, Rosengewächse, Schmetterlingsblütler
Mangold	Gänsefußgewächse	Buschbohne, Kohlarten, Möhre, Radies, Rettich, Salat	xx	Doldenblütler, Lilien-, Nachtschatten-gewächse, Schmetterlingsblütler

Pflanze	Pflanzenfamilie	Mischkulturpartner	Nährstoff-Bedürfnis	Folgekulturen
Möhre	Doldenblütler	Dill, Erbse, Knoblauch, Mangold, Porree, Radies, Rettich, Salat, Schwarzwurzel, Spinat, Tomate, Zwiebel	xx	Gänsefußgewächs, Schmetterlingsblütler
Paprika	Nachschattengewächse	Kohlarten, Möhre, Tomate, Möhre,	xx	Kreuzblütler, Gänsefußgewächse
Pastinake	Doldenblütler	Kartoffel, Radies, Rote Bete, Salat, Sellerie, Spinat	x	Kreuzblütler
Petersilie	Doldenblütler	Gurke, Radies, Tomate, Zwiebel	x	Gänsefußgewächse, Schmetterlingsblütler
Porree	Liliengewächse	Endivie, Erdbeere, Kohlarten, Knoblauch, Möhre, Petersilie, Salat, Schwarzwurzeln, Sellerie, Spinat, Tomate	xxx	Doldenblütler, Gänsefußgewächse, Nachtschattengewächse, Korbblütler, Kreuzblütler, Kürbisgewächse, Schmetterlingsblütler
Radies, Rettich	Kreuzblütler	Bohne, Erbse, Kapuzinerkresse, Kohl, Mangold, Möhre, Petersilie, Salat, Spinat, Tomate	xx	Liliengewächse, Nachtschattengewächse
Rote Bete	Gänsefußgewächse	Bohne, Dill, Gurke, Kohlarten, Kohlrabi, Salat, Zucchini, Zwiebel	xx / xxx	Doldenblütler, Liliengewächse, Nachtschattengewächse, Schmetterlingsblütler
Salat (Kopf-, Pflück-Eissalat)	Korbblütler	Bohne, Erbse, Fenchel, Gurke, Kohlarten, Möhre, Pastinake, Radies, Rote Bete, Schwarzwurzel, Tomate, Zwiebel	xx	Gänsefußgewächse, Liliengewächse, Nachtschattengewächse
Schnittlauch	Liliengewächse	Ein- und mehrjährige Kräuter anderer Familien	x	Doldenblütler, Gänsefußgewächse, Nachtschattengewächse, Korbblütler, Kreuzblütler, Kürbisgewächse, Schmetterlingsblütler
Sellerie	Doldenblütler	Buschbohne, Chinakohl, Fenchel, Gurke, Kamille, Kohl, Kohlrabi, Pastinake, Porree, Salat, Spinat, Tomate	xx / xxx	Gänsefußgewächs, Schmetterlingsblütler
Spinat	Gänsefußgewächse	Erdbeere, Kartoffel, Kohlarten, Kohlrabi, Radies, Rettich, Rhabarber, Stangenbohne, Tomate	xx	Doldenblütler, Liliengewächse, Nachtschattengewächse, Schmetterlingsblütler
Stangenbohne	Schmetterlingsblütler	Gurke, Kapuzinerkresse, Kartoffel, Kohlarten, Kohlrabi, Radies, Rettich, Rote Bete, Salat, Salbei, Sellerie, Spinat, Zucchini	x	Gänsefußgewächse, Kreuzblütler, Liliengewächse
Tomate	Nachtschattengewächs	Buschbohne, Knoblauch, Kohlrabi Möhre, Pastinake, Petersilie, Porree, Radies, Ringelblume, Salat, Sellerie, Spinat, Zwiebel	xx / xxx	Gänsefußgewächse, Kreuzblütler
Zucchini	Kürbisgewächse	Basilikum, Kapuzinerkresse, Stangenbohne, Zwiebeln	xx / xxx	Gänsefußgewächse, Liliengewächse, Schmetterlingsblütler
Zwiebel	Liliengewächse	Dill, Bohnenkraut, Gurke, Kamille, Knoblauch, Möhre, Pastinake, Rote Bete, Salat, Tomate, Zucchini	xx	Doldenblütler, Gänsefuß-, Nachtschattengewächse, Korb-, Kreuzblütler Kürbisgewächse, Schmetterlingsblütler

Legende:
x geringes Nährstfoffbedürfnis = Schwachzehrer / xx mittleres Nährstoffbedürfnis = Mittelzehrer / xxx hohes Nährstoffbedürfnis = Starkzehrer

Service

Sortierung nach Postleitzahlen

Vereine und Verbände (www.gartenbauvereine.de)

Bundesverband Deutscher Gartenfreunde e.V.
Platanenallee 37
14050 Berlin
Tel.: 0 30 / 30 20 71-40
Fax: 0 30 / 30 20 71-39
www.kleingarten-bund.de

Zentralverband Gartenbau Deutschland e.V. (ZVG)
Godesberger Allee 142–148
53175 Bonn
E-Mail: zvg-bonn@g-net.de
www.g-net.de

Naturschutzbund Deutschland e.V. (NABU)
Herbert-Rabius-Straße 26
53225 Bonn
Tel.; 02 28 / 40 36-0
E-Mail: NABU@NABU.de
www.NABU.de

Deutsche Gartenbau-Gesellschaft 1822 e.V.
Lauenhaus
78465 Insel Mainau
Tel.: 0 75 31 / 1 52 88
Fax: 0 75 31 / 2 65 30
E-Mail: info@dgg1822.de
www.dgg1822.de

Bund für Umwelt und Naturschutz Deutschland e.V. (BUND)
Dunantstraße 16
79110 Freiburg
www.bund.net

Österreich
Bundesverband der Österreichischen Gärtner
Haidestraße 22
A-1110 Wien
Tel.: +43 / (0)1 / 769 26 60
Fax: +43 / (0)1 / 7 68 89 90
www.gartenbau.or.at

Informationsstellen und Fortbildungsstätten (www.gartenakademien.de)

Sächsische Gartenakademie
Soebrigener Str. 3 a
01326 Dresden-Pillnitz
Tel.: 03 51 / 26 12-411
www.landwirtschaft.sachsen.de

Lenné Akademie für Gartenbau und Gartenkultur
Heinrich-Mann-Allee 103
14473 Potsdam
www.mlur.brandenburg.de

Schulungszentrum für naturgemäßen Land- und Gartenbau
Poppenbüttler Hauptstr. 46
22399 Hamburg
Tel.: 0 40 / 6 02 07 33

Permakultur Akademie
Birkenallee 35
26197 Huntlosen
Tel.: 0 44 87 / 9996 91
E-Mail: info@permakultur-akademie.net
www.permakultur-akademie.de

Hessische Gartenakademie
Zentrale des Landesbetriebes Landwirtschaft Hessen (LLH)
Kölnische Straße 48–50
34117 Kassel
Tel.: 05 61 / 7 29 93 76
Gartentelefon: 0 18 05 / 72 99 72
E-Mail: zentrale@llh.hessen.de

Bildungsstätte des deutschen Gartenbaues
Gießener Str. 47
35305 Grünberg
Tel.: 0 64 01 / 91 01-0
Fax: 0 64 01 / 91 01-91
E-Mail: info@bildungsstaette-gartenbau.de
www.bildungsstaette-gartenbau.de

Gartenbauzentrum Köln-Auweiler
Lehr- und Versuchsanstalt
Gartenstr. 11
50765 Köln-Auweiler
Tel.: 02 21 / 53 40 175
ww.gbz-auweiler.de

Gartenakademie Rheinland-Pfalz
Landesanstalt für Pflanzenbau und Pflanzenschutz
Essenheimer Str. 144
55128 Mainz
Tel.: 0 61 31 / 99 30-0
E-Mail: info@agrarinfo.rlp.de
www.agrarinfo.rlp.de

Saarländische Gartenakademie, Landwirtschaftskammer
Dillinger Str. 67
66822 Lebach
Tel.: 0 68 81 / 9 28-109
Fax: 0 68 81 / 9 28-100

Informationsstelle der Versuchsanstalt für Gartenbau an der FH Weihenstephan
Am Staudengarten 9
85350 Freising
Tel.: 0 81 61 / 71-45 41
Fax: 0 81 61 / 71-44 17
www.fh-weihenstephan.de

Bayer. Gartenakademie
Bayer. Landesanstalt für Weinbau und Gartenbau
Residenzplatz 3
97070 Würzburg
Tel.: 09 31 / 3 05 09-0
E-Mail: poststelle@lwg.bayern.de
www.lwg.bayern.de

Staatliche Bodenuntersuchungsinstitute (www.vdlufa.de)

LUFA der LMS
Graf-Lippe-Str. 1
18059 Rostock
Tel.: 03 81 / 2 03 07-10
Fax: 03 81 / 2 03 07-90
www.lms-lufa.de

Landwirtschaftskammer Niedersachsen
LUFA Nord-West
Standort Oldenburg Jägerstr. 23–27
26121 Oldenburg
Tel.: 04 41 / 801-820
Fax: 04 41 / 801-899
www.lufa-nord-west.de

Landwirtschaftskammer Niedersachsen
LUFA Nord-West
Standort Hameln
Finkenborner Weg 1 A
31787 Hameln
Tel.: 04 41 / 801-820
Fax: 04 41 / 801-899
www.lufa-nord-west.de

Landwirtschaftskammer Nordrhein-Westfalen
LUFA NRW
Nevinghoff 40
48147 Münster
Tel.: 02 51 / 23 76-726
Fax: 02 51 / 23 76-846
E-Mail: info@lwk.nrw.de
www.lk-wl.de

Landesbetrieb Hessisches Landeslabor
Abt. Landwirtschaft und Umwelt
Standort Wiesbaden
Glarusstr. 6
65203 Wiesbaden
Tel: 06 11 / 7 60 85 00
Fax: 06 11 / 71 35 15

Bezirksverband Pfalz
LUFA Speyer
Obere Langgasse 40
67346 Speyer
Tel.: 0 62 32 / 136-115
Fax: 0 62 32 / 136-110
www.lufa-speyer.de

TU München
Zentralinstitut für Ernährungs- und Lebensmittelforschung
Alte Akademie 10
85350 Freising
Tel.: 0 81 61 / 71-3914
Fax: 0 81 61 / 71-4216

Österreich
Höhere Bundeslehr- und Versuchsanstalt für Gartenbau
Grünbergstr. 24
A-1130 Wien / Schönbrunn
Tel.: +43 (0) 1 813 59 50-0
Fax: +43 (0) 1 813 59 50-99
E-Mail: office@gartenbau.at
www.hblagart.bmlf.gv.at

Bundesanstalt für Bodenwirtschaft
Denisstr. 31–33
A-1200 Wien

Bundesanstalt für Agrarbiologie
Wieninger Str. 8
A-4020 Linz

Tiroler Landwirtschaftliche Untersuchungs- und Versuchsanstalt
A-6200 Rotholz 46
Tel.: +43 (0) 52 44 / 6 51 51-0

Landwirtschaftlich-chemische Landesversuchs- und Untersuchungsanstalt
Burggasse 2
A-8010 Graz
Tel.: +43 (0) 3 16 / 8 77 38 20

Private Bodenuntersuchungsinstitute

Institut Koldingen GmbH
Breslauer Str. 60
31157 Sarstedt
Tel.: 0 50 66 / 9 01 93-0
Fax: 0 50 66 / 9 01 93-35
E-Mail: kolingen@agrolab.de
www.agrolab.de

Balzer Bodenanalyselabor
Oberer Ellenberg 5
35083 Wetter-Amönau
Tel.: 0 64 23 / 74 83
Fax: 0 64 23 / 31 97
www.eco-select.de

Ing. B. Riffel Bodenlabor
Weinheimer Landstr. 115
55232 Alzey
Tel.: 0 67 31 / 4 38 59

Institut Prof. Dr.Jäger
Ernst-Simon-Str. 2–4
72072 Tübingen
Tel: 0 70 71 / 70 07-0
Fax: 0 70 71 / 70 07-77
E-Mail: Institut@InstitutDrJaeger.de
www.institutdrjaeger.de

LUFA = Landwirtschaftliche Untersuchungs- und Forschungsanstalt

Laboratorium Lacher
Niedermattenstr. 3
79238 Ehrenkirchen
Tel.: 0 76 33 / 98 22-34
Fax: 0 76 33 / 98 22-35
E-Mail: michael.lacher@laboratori-umlacher.de
www.bgkev.de/prueflabore

Agrolab GmbH
Schulstr. 1
85416 Langenbach / OT Oberhummel
Tel.: 0 87 61 / 76 13 21
Fax: 0 87 61 / 76 13 56
www.agrolab.de

Institut für Umweltschutz
Labor Gerhard Pieper
Abt-Hyller-Str. 4 / 1
88250 Weingarten
Tel.: 07 51 / 4 45 00

Labor für Boden- und Düngemitteluntersuchungen
Dr. Dürr
Hagener Weg 27
89179 Beimerstetten
Tel.: 073 48 / 64 08
E-Mail: kontakt@labor-duerr.de
www.labor-duerr.de

Labor für Umweltanalytik
Dr. Rietzler
Schnorrstr. 5 a
90471 Nürnberg
Tel.: 09 11 / 8688-20
Fax: 09 11 / 8688-222

Schweiz
UFAG Laboratorien
Kornfeldstr. 4
CH-6210 Sursee
www.ufag-laboratorien.ch

Labor Roth A.G.
Rieterstr. 102
CH-8002 Zürich

Amtliche Pflanzenschutzberatung (www.pflanzenschutzdienst.de)

Sachsen
Sächsische Landesanstalt für Landwirtschaft
Fachbereich Integrierter Pflanzenschutz, Referat 63
Alttrachau 7
01139 Dresden
Tel.: 03 51 / 85 30 40

Berlin
Pflanzenschutzamt Berlin
Mohriner Allee 137
12347 Berlin
Tel.: 0 30 / 70 00 06-0
Fax: 0 30 / 70 00 06-55

Brandenburg
Landesamt für Verbraucherschutz, Landwirtschaft und Flurneuordnung
Pflanzenschutzdienst
Ringstr. 1010
15226 Frankfurt(Oder)-Markendorf
Tel.: 03 35 / 52 76 22
Fax: 03 35 / 5 21 73 70
www.lmur.brandenburg.de

Mecklenburg-Vorpommern
Landespflanzenschutzamt
Graf-Lippe-Str. 1
18059 Rostock
Tel.: 03 81 / 4 91 23-31 und -33
Fax:. 03 81 / 4 92 26 65

Hamburg
Institut für Angewandte Botanik
Pflanzenschutzamt Hamburg
Ohnhorststraße 18
22609 Hamburg
Tel.: 0 40 / 428 16-556
www.pflanzenschutzamt-hamburg.de

Schleswig-Holstein
Pflanzenschutzamt
Westring 383
24118 Kiel
Tel.: 04 31 / 8 80 13 02

Bremen
Senator für Umweltschutz und Stadtentwicklung, Pflanzenschutzdienst
Große Weidestr. 4–16
(Postanschrift: Hanseatenhof 5)
28195 Bremen
Tel.: 04 21 / 3 61 25 75

Niedersachsen
Landwirtschaftskammer Niedersachsen
Pflanzenschutzamt
Sedanstraße 4
26121 Oldenburg
Tel.: 04 41 / 8 01-0
Fax: 04 41 / 8 01-777
www.lwk-we.de

Landwirtschaftskammer Hannover
– Pflanzenschutzamt –
Wunstorfer Landstraße 9
30453 Hannover
www.lwk-we.de

Hessen
Regierungspräsidium Gießen
Pflanzenschutzdienst Hessen
Schanzenfeldstr. 8
35578 Wetzlar
www.rp-giessen.de

Sachsen-Anhalt
Landespflanzenschutzamt
Lerchenwuhne 125
39128 Magdeburg
Tel.: 03 91 / 25 69-450 bis -453

Nordrhein-Westfalen
Landwirtschaftskammer Nordrhein-Westfalen
Pflanzenschutzdienst Siebengebirgsstraße 200
53229 Bonn
Tel.: 02 28 / 4 34-2101

Rheinland-Pfalz
Dienstleistungszentrum für den ländlichen Raum (DLR) Rheinhessen-Nahe-Hunsrück
Rüdesheimer Str. 60–68
55545 Bad Kreuznach

Saarland
Landwirtschaftskammer für das Saarland
– Pflanzenschutzamt –
Dillinger Str. 67
66822 Lebach
Tel.: 06 81 / 6 65 05-0
Fax: 06 81 / 6 65 05-12
www.lwk-saarland.de

Baden-Württemberg
Landesanstalt für Pflanzenschutz
Reinsburgstr. 107
70197 Stuttgart
Tel.: 07 11 / 66 42-400
Fax: 07 11 / 66 42-499

Bayern
Bayerische Landesanstalt für Landwirtschaft
Institut für Pflanzenschutz
Lange Point 10
85354 Freising
www.lfl.bayern.de

Staatliche Fachschule für Agrarwirtschaft Veitshöchheim
Bayrische Gartenakademie
An der Steige 15
97209 Veitshöchheim
Tel.: 09 31 / 98 01-0

Thüringen
Thüringer Landesanstalt für Landwirtschaft
Sachgebiet Pflanzenschutz
Kühnhäuser Str. 101
99189 Erfurt-Kühnhausen
Tel.: 03 62 01 / 8 17-0
Fax: 03 62 01 / 8 17-40
www.tll.de

Nützlinge

Katz Biotech AG
An der Birkenpfuhlheide 10
15837 Baruth
Tel.: 03 37 04 / 6 75-10
Fax: 03 37 04 / 6 75-79
E-Mail info@katzbiotech.de
www.katzbiotechservices.de
www.floranuetzlinge.de

ÖRE Bio-Protect GmbH
Neuwührener Weg 26
24223 Raisdorf
Tel.: 0 43 07 / 69 81
E-Mail: info@nuetzlingsberater.de
www.nuetzlingsberater.de

re-natur GmbH
Kräuter Park
Am Pfeifenkopf 9
24601 Stolpe
Tel.: 0 43 26 / 28 93 90
Fax: 0 43 26 / 28 93 91
E-Mail: kraeuterpark@re-natur.de
www.re-natur.de

W. Neudorff GmbH KG
Abt. Nutzorganismen
Postfach 12 09
31857 Emmerthal
Tel.: 0180 / 5 63 83 67
E-Mail: info@neudorff.de
www.neudorff.de

AMW Nützlinge GmbH
Ausserhalb 54
64319 Pfungstadt
Tel.: 0 61 57 / 99 05 95
Fax: 0 61 57 / 99 05 97
E-Mail: amwnuetzlinge@aol.com
www.amwnuetzlinge.de

STB-Control
Triebweg 2
65326 Aarbergen
Tel.: 0 61 20 / 90 08 70
Fax: 0 61 20 / 90 08 71
E-Mail: stb-control@gmx.de
www.stb-control.de

Sautter & Stepper GmbH
Rosenstr. 19
72119 Ammerbuch
Tel.: 0 70 32 / 95 78-30
E-Mail: info@nuetzlinge.de
www.nuetzlinge.de

Katz Biotech AG
Beratungsstandort Süd
Industriestr. 38
73642 Welzheim
Tel.: 0 71 82 / 93 53 73
Fax: 0 71 82 / 93 53 71
E-Mail: info@katzbiotech.de

Hatto und Patrick Welte
Maurershorn 10
78479 Insel Reichenau
Tel.: 0 75 34 / 71 90
Fax: 0 75 34 / 14 58
www.welte-nuetzlinge.de

Schweiz
Andermatt Biocontrol AG
Stahlermatten 6
CH-6146 Großdietwil
Tel.: +41 / (0)62917 50 05
Fax:. +41 / (0)62917 50 06
E-Mail: sales@biocontrol.ch
www.biocontrol.ch

Register

Die **hervorgehobenen** Seitenzahlen verweisen auf Abbildungen.

Achillea 79, **79**
Agapanthus praecox 28, 109
Alpenrose 40
Ananaskirsche 49, **49**
–, Ernte 85
Anhäufeln, Gemüse 60, **60**
Antirrhinum majus 79, **79**
Anzucht Tomaten 37
–, wärmebedürftige Gemüsepflanzen 25
–, zweijährige Sommerblumen 68
Apfel 75, 100
–, Echter Mehltau 17
–, Schorf 99, **99**
Apfelwickler 50, **50**
Aprikosen ernten 88
Arbutus unedo 109
Asiasalat 37, 62
Aubergine 49, 61
Auflaufkrankheiten, Aussaaten 23
Aukube 28, 109
Ausdünnen 64
Ausgeizen, Tomaten 74
Ausläufer, Erdbeeren 75
Aussaat 14
–, Auflaufkrankheiten 23
–, Buschbohnen 74
–, Frühgemüse 16, **16**, 24
–, Gemüse 36
–, Sommerblumen 30, 40
–, Überwinterungsgemüse 98

Balkonpflanzen düngen
– pflegen 67
– vermehren 92
Basilikum 49, 59, **59**, 73
Bäume, Weißen 11
Baumscheiben, gemulchte 50, **50**
Beerenobst 88
–, Düngung 35
–, Schnitt 17, 100
–, Vogelschutznetze 64, **64**
Beetrosen 66, **66**
Bewässerung 46
–, Obst 50
Birne 75, 100
Blatt-Fruchtverhältnis 64 f.
Blauer Kartoffelbaum 28,092, **92**
Blumenkohl 36, 61, 62
– düngen 36
– wässern 85
Blumenrohr einlagern 109
Blumenzwiebeln legen, frühjahrsblühende 102
Blüten, essbare 73
Boden, umgraben 106, 114, **114**
Bodenabdeckung 53
Bodenbearbeitung 60, **60**
–, Obstgarten 26
Bodenproben 22, **22**
Bodenreaktion (pH-Wert) 22 f., **22**, 23
Bohnen 61
Borretsch 37, 73
Bougainvillee 109
Braunfäule, Tomaten 49
Brautmyrte 109
Brokkoli 36, 61, 62, 74, 86
–, wässern 85
Brombeeren, Ernte 89
–, Schnitt 27, 100
Buddleja, Winterschutz 116
Buschbohnen 62
–, Aussaat 74
–, Pflanzung 47
Buschrosen, Winterschutz entfernen 30

Canna einlagern 109
Ceanothus, Winterschutz 116
Chinakohl 73, 86
Chionanthus virginicus, Winterschutz 116
Choisya ternata 109
Christrose 18, **18**
Chrysanthemum 67, 79, **79**, 109
Citrus 109
Cornus mas, Schnitt 11
Cycas revoluta 109
Cydonia oblonga 100, **100**

Dahlien 68, 90, **90**
–, einlagern 109
–, Lagerfäule 18
–, Überwinterung 18, **18**, 109, **109**
Datura aurea 109
Dill 37, 62
Direktaussaat, Gemüse 36
Dünger 35 f., **35**
Düngung, Balkon- u. Kübelpflanzen 92
–, Erdbeeren 27
–, Gemüse 35
–, mineralischer 34
–, Obstpflanzen 27
–, Rosen 80
–, organischer 34
Dunkelkeimer 16

Echter Mehltau 17, 84, **84**
Edelrosen 66, **66**
Einnährstoffdünger 34
Eiskraut 62
Eissalat 36, 62, 74, 86
Endivien 98
Engelstrompete 28
Ensete ventricosum 109
Entspitzen, Kern- und Steinobst 65
Enzianstrauch 28, 92, **92**
Erbse 37, **37**, 61, 62
Erdbeerbaum 109
Erdbeeren 27, 78
–, Ausläufer 75
–, Düngen 27, 35
–, Ernte 63, 75
–, Fruchtansatz 64
–, Mulchen 51, **51**
–, Pflanzung 39
–, Pflege 77
–, Spätfrost 17, 51, **51**
–, Vermehrung 63
Eremurus-Hybriden 79, **79**
Erica-Arten 53
Ernte, Ananaskirschen 85
–, Brombeeren 89
–, Erdbeeren 63
–, Früchte 108
–, Frühkartoffeln 62, **62**
–, Gemüse 47, **47**, 107
–, Gemüse, erstes 38
–, Gladiolenknollen 101
–, Himbeeren 89
–, Johannisbeeren 88
–, Kapstachelbeeren 85
–, Kräuter 74, **74**
–, Mangold 62, **62**
–, Möhren 86, **86**
–, Obst 87
–, Spargel und Rhabarber 62
–, Stachelbeeren 88
–, Steinobst 88
–, Zwiebelblumen 66
–, Zwiebeln 86, **86**
Erntehilfe, Sommerschnitt 77
Estragon, Teilung 97

F1-Saatgut 10
Fallobst 89
Feuer-Salbei 109
Flieder, Schnitt 11
–, Verblühtes entfernen 53
Folgesaat, Gemüse 61
Folientunnel 25, **25**
Formieren, Obstbäume 76, **76**
Freilandaussaat 24, **24**
Freilandgurken 85
Freilandtomaten 74, **74**
Frigopflanzen, Erdbeeren 39
Frischkompost 8, 34, 35, **35**
Frostabwehr 39
Frostempfindliche Sommerblumen 54
Frostschutzmaßnahmen 102
Frostspanner, Leimringe 100, **100**
Fruchtansatz, Erdbeeren 64
Fruchtausdünnung 77
Fruchtfolge 14
Fruchtmumien 116, **116**
Fruchtsalbei 49
Frühbeet 25, **25**
Frühgemüse 24, **24**
–, Aussaat 16, **16**, 24
–, Düngung 36
Frühjahrsblühende Blumenzwiebeln 102
Frühkartoffeln, Ernte 62, **62**
–, Pflanzung 36
Fuchsie, Hochstammform 67

Galanthus nivalis 19, **19**, 90
Gartenbegehung 81, **81**
Gartengeräte pflegen 114
Gartenkresse 24
Garten-Krokus 90
Gehölze gießen, Immergrüne 18
Gehölze pflanzen 110
Gemüse anhäufeln 60, **60**
–, Direktaussaat 36
–, Ernte 47, **47**
–, erste Ernten 38
–, Folgesaat 61
–, hohe Temperaturansprüche 49
–, Mittelzehrer, Düngung 35
–, Pflanzung 61
–, Pflege 61
–, Schwachzehrer, Düngung 35
–, Starkzehrer, Düngung 35
Gemüsepflanzen Anzucht, wärmebedüftige 25
Genuss- und Pflückreife, Kernobst 87
Geranien 67, 109
Gewächshaus, Kräuterernte 25
–, Tomaten 37
Gewächshausgurken 74
gießen, Immergrüne Gehölze 18
giftige Ziersträucher 101
Gladiolen 79
–, Knollen einlagern 109
–, Knollen ernten
–, Lagerfäule 18
–, Überwinterung 18, **18**
Glockenblume 79
Goldmohn 40
Goldregen 101
Granatapfel 109
Gründüngung 14, 58 f., **59**, 72, 74
Gründüngungspflanzen 59
Grünkohl 86, 98, 115
Gurken 48 f., 61, 73, 96, **96**, 98
–, wässern 85
Gypsophylia repens 79

Hacken 60, **60**
Hanfpalme 109
Hängeerdbeeren 78
Hartriegel, Schnitt 11
Hecken, Pflanzung 41, **41**
–, Schnitt 18, 80 ,**80**
Heidekräuter schneiden 53
Heidelbeeren, Kultur- 89, **89**
Helenium 81, **81**
Helleborus 18, **18**, 79, **79**
Herbstgemüse 73
Hibiscus 109
–, Schnitt 11
– *syriacus*, Winterschutz 116
Himbeeren 75, 78, **78**
–, Ernte 89
–, Schnitt 27, 89, **89**, 100
Humusgehalt 23
Hyazinthe 102

Immergrüne Gehölze, gießen 18

Johannisbeere 17, 75 f., **76**
–, Ernte 88
–, Schwarze 17
Johannisbeergallmilbe 17
Jungpflanzenanzucht 25
Junifruchtfall 64, **64**

Kapstachelbeere 49, **49**
–, Ernte 85
Kapuzinerkresse 40, 73
Kartoffelbaum, Blauer 28, 92, **92**
Kartoffeln 73
Keimprobe 15, **15**
Kernobst, Blatt-Fruchtverhältnis 64
–, Düngung 35
–, entspitzen 65
–, Lagersorten 108
–, Pflück- und Genussreife 87
Kirschen 26, **26**, 75
–, Ernte 88
–, Vogelschutznetze 64, **64**
Kirschfruchtfliege 65
Kirschlorbeer, Ziergehölzschnitt 11
Kiwi, Ernte 108
–, Schnitt 26
Kleinstrauchrosen 67, **67**
Klettererdbeeren 78
Kletterrosen 67, **67**
Knoblauch, Chinesischer 73
Knoblauch, Pflanzzeit 98, **98**
Knollen einlagern 109
– vortreiben 28, **28**
Knollenfenchel 73
Kohlblattlaus, mehlige 74
Kohlrabi 36, 62, 86, 98
Kompost 8 f., **9**
Kompostauszüge 72
Kopfdüngung 35, 61
–, Frühgemüse 36
Kopfsalat 36, 62, 74, 86, 98
Koriander, Blatt- 37
Kräuter 49, 62, 73
–, Ernte 25, 74, **74**
–, mediterrane 73, **73**
–, Teilung 97, **97**
Krautfäule, Tomaten 49
Kübelpflanzen 52, 92, **92**
–, Düngung 92
–, Pflege 67
–, Umtopfen 42, **42**
–, Überwinterung 109
–, Vermehrung 92
–, Winterquartier 11
Kultur-Heidelbeeren 89, **89**
Kulturschutznetze 37, **37**
Kürbis 85
–, Ernte 107
–, Lagerung 107, **107**

Lagerfäule, Dahlien und Gladiolen 18
Lagerstroemia indica 109
Lagerung, Früchte 108
–, Knollen und Rhizome 109
–, Kürbis 107, **107**
–, Obst 11, 108, **108**
Lathyrus 40, 79
Lavendel 73
Leimring, Frostspanner 17, 27, 100, **100**
Lenzrose 18, **18**
Lichtkeimer 16
Lochfolie 24
Löwenmaul 79, **79**

Maiglöckchen 101
Mairüben 37
Majoran 49
Mangold 37, 62, **62**
Markerbsen 37
Märzenbecher 90
Matthiola incana 79
Mediterrane Kräuter 73, **73**
Mehlige Kohlblattlaus 74
Mehltau, Echter 17, 84, **84**
Mehrnährstoffdünger 34
Melone 49, 61
Mineralische Düngung 34
Mischkultur 14 f., **15**
Mittelzehrer, Gemüse 35
Möhren 62, 98, 107, **107**, 115
–, Ernte 86, **86**, 107
Monatserdbeere 63
Monilia-Spitzendürre 26
Mulchen 46
–, Erdbeeren 51, **51**
–, Obstgarten 99
Mulchfolie 48, **48**
Myrtus communis 109

Nadelgehölze pflanzen 90
Nadelholzhecken schneiden 92
Nährstoffbedürfnis 14
Nährstoffe 34
Narzissen 90, 102
Nektarine, Blatt-Fruchtverhältnis 64
Nerium oleander 28, 109
Nistkästen 8
Nützlinge 23
–, Überwinterung 106

Obst, Bewässerung 50
–, Ernte 87
–, Lagerung 108, **108**, 116
–, Pflanzung 116
Obstbäume formieren 76, **76**
Obstgarten 50
–, Bodenbearbeitung 26
– düngen 27
–, gemulchte Baumscheiben 50, **50**
–, Mulchen 99
–, Spätfrostgefahr 39
–, Steinobst 39
Obstgehölze, Pflanzung 26, **27**
–, Schnitt 26
–, Sommerschnitt 75
Oleander 28, 91, **91**, 109
Orangenblume 109
Organische Düngung 34

Palmfarn 109
Paprika 49, 73, **73**, 98
Pastinake 98, 107
Patisson 48, 85
Pelargonium 67, 109
Petersilie 24, 62, 86
Pfingstrose 79
Pfirsich, Blatt-Fruchtverhältnis 64
–, Ernte 88
–, Pflanzschnitt 39, **39**
Pflanzenschutzmaßnahmen 78
Pflanzenstärkungsmittel 72
Pflanzschnitt, Obstgehölze 27, 39, **39**
Pflanzung, Buschbohnen 47
–, Erdbeeren 39
–, Frühkartoffeln 36
–, Gehölze 110
–, Gemüse 61
–, Hecken 41, **41**
–, Nadelgehölze 90
–, Obst 26, **27**, 116
–, Rhabarber 97
–, Rosen 40, 110, **110**
–, Schwertlilien 80
–, Sommerblumen 54, **54**
–, Spargel 38
–, Stauden 41, **41**, 68, 110, **110**
–, Tomaten 47
Pflaumen 100
–, Blatt-Fruchtverhältnis 65
–, Ernte 88
Pflaumenwickler 77, **77**
Pflege, Balkon- und Kübelpflanzen 67
–, Gartengeräte 114
–, Gemüse 61
–, Tomaten 61
–, Stauden 29, 54
Pflückreife, Kernobst 87
Pflückhilfe, Obst 87, **87**
Pflücksalat 37, 62
Phacelia 59
pH-Wert, Bodenreaktion 23
Physalis 49, **49**
Phytophthora 49
Porree 61, 98, 115
Prunus laurocerasus, Ziergehölzschnitt 11
Punica granatum 109

Quitte 100, **100**, 108

Radicchio 73
Radies 24, 62, 74, 86, 98
Rasen 90, 117
– anlegen 40
– düngen 35
– pflegen 28, 52
Rasennachsaat 41, **41**
Regenmesser 46, **46**
Regenwassersammelbehälter 46, **46**
Reifekompost 8, 9, **9**
Reiser 11, 17
Rettich 62, 74, 86
Rhabarber, Ernte 38, **38**, 62
–, Pflanzung 97
–, Teilung 97, **97**
Rhizome einlagern 109
Rhododendren 40
Ringelblume 40, 59
Romansalat 73
Rondini 48, 85
Rosen 66 f., **66 f.**, 79
–, Düngung 80
–, Historische 67, **67**
–, Pflanzung 40, 110, **110**
–, Pflege 66
–, Schnitt 40, **40**
–, Sternruß 54, **54**
–, Veredlung 80, 90
–, Wildtriebe 53
–, Winterschutz 110, 116, 117, **117**
Roseneibisch 109
Rosenkohl 61, 115
Rosmarin 62
Rote Bete 98, **98**, 107
Rotkohl 61
Rückschnitt, Ziergehölze 42
Rucola 62

Saatbänder 10, **10**
Saatgut, F1 10
Saatkartoffeln 16, **16**
Saatscheiben 10, **10**
Salat 62, 73
–, Dünger 36
–, Ernte 107
Salbei, Teilung 97
Schafgarbe 79, **79**
Schalerbsen 24
Schildläuse 11, **11**
Schlangengurken 49
Schmucklilien 28, 109
Schnecken 59, **59**
Schneeball, Ziergehölzschnitt 11
Schneeflockenstrauch, Winterschutz 116
Schneeglöckchen 19, **19**, 90
Schneerose 79, **79**
Schneeschäden 121, **120**
Schnellkomposter 9, **9**
Schnelltest, Bodenreaktion 22, **22**
Schnitt, Beerenobst 17, 100
–, Brombeere 27
–, Hecken 80, **80**
–, Heidekräuter 53
–, Himbeere 27, 89, **89**
–, Kiwi 26
–, Nadelholzhecken 92
–, Obstgehölze 26
–, Pfirsich 39, **39**
–, Rosen 40, **40**
–, Steinobst 17
–, Weinrebe 26
–, Ziergehölze 11, 67
Schnittlauch 73, 115
Schnittsalat 62
Schorf, Apfel 99, **99**
Schwachzehrer, Gemüse, Düngung 35
Schwarze Johannisbeere 17
Schwarzwurzeln 115
Schwertlilie 79 f.
Sellerie, Ernte 107
Senf 59
Solanum rantonnettii 28, 92, **92**
Sommerblühende Zwiebeln 53, **53**
Sommerblumen aussäen 30, 40
–, frostempfindliche 54
– pflanzen 54, **54**
–, Vasenschnitt 79
Sommer-Chrysanthemen 79, **79**
Sommerflieder, Winterschutz 116
Sommerschnitt als Erntehilfe 77
–, Obstgehölze 75
–, Süßkirschbäume 76, **76**
Sonnenbraut 81, **81**
Spargel 25, 38, **38**, 62, 115
Spätfrost, Erdbeeren 17, 51, **51**
–, Obstgarten 39
Speiserüben 86
Spinat 24
Spindelstrauch 28
Spinnmilben 102, **102**
Spitzendürre, Monilia- 26
Stachelbeeren 75
–, Echter Mehltau 17
–, Ernte 88
Starkzehrer, Gemüse 35
Stauden düngen 35
– pflanzen 41, **41**, 110, **110**
– pflegen 29, 54
– teilen 29, 68
– umpflanzen 90
–, Winterschutz 110
Steinobst 39
– ernten 88
– düngen 35
– entspitzen 65
– schneiden 17
Steppenkerze 79, **79**
Sternrußtau, Rosen 54, **54**
Stickstoffbedarf 35
Straucheibisch, Winterschutz 116
Strauchmargarite 67, 109
Strauchrosen 66, **66**
Strohmulch 48, **48**
Studentenblume 79
Süßkirschbäume, Sommerschnitt 76, **76**
Süßkirschen 100
Syringa, Schnitt 11

Tafeltrauben heften 65, **65**
Tagetes 59, 79
Teilung von Pflanzen 30, **30**
–, Kräuter 97, **97**
–, Rhabarber 97, **97**
–, Schwertlilien 80
–, Stauden 29, 68
Temperaturansprüche, Gemüse 49
Tomaten 60 f., **60**, 73, 86, 98
–, Anzucht 37
– ausgeizen 74
–, Ernte 107
–, Gewächshaus 37
–, Kraut- und Braunfäule 49
–, Pflanzung 47
– wässern 85
Trachycarpus fortunei 109
Trompetenbaum 109
Tropaeolum 40
Tröpfchenbewässerung 46, **46**
Tulpen 90, 102

Überwinterung, Dahlien 18, **18**, 109, **109**
–, Gladiolen 18, **18**
–, Kübelpflanzen 109
–, Nützlinge 106
Überwinterungsgemüse 16
–, Aussaat 98
Überwinterungsquartier 18
Umfallkrankheiten 23
umgraben, Boden 106, 114, **114**
umpflanzen, Stauden 90
umtopfen, Kübelpflanzen 42, **42**
Unkräuter 30, 60, **60**

Vaccinium corymbosum 89, **89**
Vasenschnitt, Sommerblumen 79
Verbascum 79
Verblühtes entfernen 53, 68
Veredlung 11
–, Rosen 80
Vermehrung, Balkon- u. Kübelpflanzen 92
–, Erdbeeren 63
Vertikutieren 28
Viburnum, Ziergehölzschnitt 11
Vlies 24
–, Erdbeeren 51, **51**
Vögel 8
Vogelschutznetze, Kirschen und Beerenobst 64, **64**
vortreiben, Knollen 28, **28**

Wärmebedürftige Gemüsepflanzen, Anzucht 25
Wasser 46
Wässern, Gemüse 85
Weinreben, Schnitt 26
Weißen, Bäume 11
Weißkohl 61
Wildtriebe, Rosen 53
Wintergemüse 107
Winterquartier, Kübelpflanzen 11
–, Nützlinge 106
Wintersalat 73, 107
Winterschnitt 11
Winterschutz 114, **115**
–, Stauden 110
–, Rosen 30, 110, 117, **117**
–, Ziersträucher 116
Wintersteckzwiebeln 107
Wirsing 61, 86
Wurzelpetersilie 115

Ysop 73, 97

Zier-Banane 109
Ziergehölze, giftige 101
–, Schnitt 11, 42, 67
–, Winterschutz 116
Zinnie 79
Zitrus-Arten 109
Zucchini 48, 73, 85, 96, **96**
Zuckererbse 37
Zuckerhut 73
Zuckermelone 49
zurückschneiden, Beerenobst 100
Zweijährige, Anzucht 68
Zwiebelblumen 40
– ernten 66
– setzen 101, **101**
–, sommerblühende 53, **53**
Zwiebeln 24
–, ernten 86, **86**

Impressum

Mit 231 Farbfotos von:
BDG/Thomas Wagner, Berlin: 1, 2 u, 4, 69 li, 81 li, 81 re, 93 ore, 114 ore; **BDG/Jan Woitas**: 31 u; **BKN Strobel**, Holm-Kreis Pinneberg: 66 oMi; **Botanikfoto/Steffen Hauser**, Berlin: 31 o, 91 ore; **Botanikfoto/Friederike Take**, Kronshagen: 118 oli; **Helga Buchter-Weisbrodt**, Rödersheim: 51 li, 77 ore, 89 ure; **CMA-Bestes vom Bauern**: 70 ure, 76 oli; **Otmar Diez**, Sulzthal: 14 ore, 20 ore, 22 ure, 46 ore, 48 oli, 47 re, 62 o, 99 oli, 112 ure; **DLR Rheinpfalz/Jochen Kreiselmaier**, Neustadt/Weinstraße: 23 oli; **Florapress**: 3 Mi, 6 uli, 12 uli, 20 oli, 94 oli, 104 oli, 118 ure; **Florapress/Helga Noack**: 44 oli, 74 ure; **Florapress/Living & More**: 6 ore; **Florapress/Sonja Bannick**: 82 oli, 107 li; **Florapress/Visions**: 3 li, 6 oli, 6 ure, 12 ore, 12 ure, 18 re, 19 o, 20 uli, 20 ure, 32 oli, 32 ure, 44 uli, 55 oli, 56 uli, 56 ure, 70 ore, 90, 94 uli, 103 re, 118 ore; **GartenBildAgentur/Didillon**, Au: 79 li; **GartenBildAgentur/GPL**, Au: 9 o; **GartenBildAgentur/Noun**, Au: 48 ore, 96 ore, 103 li; **Gartenschatz**, Stuttgart: 27 oli, 32 uli; **Christian Gehler**, Berlin: 22 uli, 25 o, 28, 52, 58, 64 o, 65, 84 ore, 98 uli; **Peter Himmelhuber**, Regensburg: 17 (beide), 39 u (beide), 51 re, 76 oli; **W. Kordes' Söhne**, Klein Offenseth-Sparrieshoop: 66 ore, 67 Mili; **Milla und Partner agentur & ateliers**, Stuttgart: 69 re; **Sibille Victoria Müller**, Raubach: 23 ure, 24 o, 42 ore, 46 oli, 98 ore; **Neudorff**, Emmerthal: 35 uli; **Noack Rosen**, Gütersloh: 67 oli, 67 oMi; **Benjamin Redeleit/ kpw**, Bienenbüttel: 19 u, 104 ure; **Benjamin Redeleit/ofs**, Bienenbüttel: 60 ure; **Wolfgang Redeleit**, Bienenbüttel: 9 uli, 16 o, 24 u, 25 u, 27 ore, 27 u, 35 ure, 37 re, 41 (beide), 50 re, 59 o, 60 ore, 62 u, 68, 79 re, 80, 86 u, 87 o, 93 uli, 97 uli, 100 u, 106 u, 109 (alle drei), 111 li, 114 Mire; **Reinhard-Tierfoto/Hans Reinhard**, Heiligkreuzsteinach-Eiterbach: 8, 10 (beide), 14 u, 14 oli, 16 Mi, 29 re, 36, 38 oli, 39 Mire, 42 uli, 44 ore, 49 (beide), 55 ure, 59 u, 60 uli, 63 re, 66 oli, 70 uli, 72 (beide), 73 uli, 75 ore, 78 uli, 79 Mi, 82 ore, 82 uli, 87 u, 91 oli, 92 u, 96 uli, 97 ure, 100 o, 104 ore, 104 uli, 106 re, 107 re, 108 (alle drei), 110, 112 oli, 112 uli, 120 re; **Reinhard-Tierfoto/Nils Reinhard**, Heiligkreuzsteinach-Eiterbach: 38 ore, 53 o, 63 li, 85, 120 li; **Rosen-Union**, Bad Nauheim-Steinfurth: 66 Mire; **Manfred Ruckszio**, Taunusstein: 12 oli, 32 ore, 92 o, 94 ore, 101, 112 ore; **Christel Rupp**, Offenburg: 44 ure, 56 oli, 73 ore, 82 ure, 89 oli, 118 uli; **Ilona Schonhof**, Potsdam: 37 li; **Martin Schröder**, Stuttgart: 91 u; **Friedrich Strauß**, Au: 3 re, 18 li, 29 li, 38 oMi, 39 ore, 54 o, 60 oli, 67 ure, 74 oli, 78 ore, 86 o, 88, 94 ure, 111 re, 116 o, 121; **Alice Thinschmidt und Daniel Böswirth**, A-Wien: 9 ure, 75 oli, 116 u; **Annette Timmermann**, Kalübbe: 2 o, 16 u, 30, 34, 43, 46 u, 56 ore, 70 oli, 114 li; **Andreas Vietmeier**, Münster: 11, 26, 47 li, 50 li, 53 u, 64 u, 74 uli, 77 uli, 84 uli, 99 ore, 99 Mire, 102, 106 Mi, 115;

Mit 17 Farbillustrationen von:
Ruth Fritzsche, Offenburg: 11; **Wolfgang Lang**, Grafenau-Döffingen: 35, 40 (alle drei), 41, 110 (alle drei), 117 (alle vier); **Horst Lünser**, Berlin: 27, 28; **Kathi Voges**, Stuttgart: 54, 101.

Umschlaggestaltung von solutioncube GmbH Reutlingen, unter Verwendung von vier Farbfotos von StockFood/Biflife, München (Umschlagvorderseite oben links: Kiste mit Gartenwerkzeug und Kräutern), Flora Press/Gaby Jacob (Umschlagvorderseite oben rechts: Äpfel), Flora Press/Visions (Umschlagvorderseite, unten links: Möhren), Friedrich Strauß, Au (Umschlagvorderseite unten rechts: Potentilla) sowie eines Farbfotos von BDG/Thomas Wagner, Berlin (Umschlagrückseite).

Mit 231 Farbfotos und 117 Farbzeichnungen.

Alle Angaben in diesem Buch sind sorgfältig geprüft und geben den neuesten Wissensstand bei der Veröffentlichung wieder. Da sich das Wissen aber laufend weiterentwickelt, muss jeder Anwender prüfen, ob die Angaben nicht durch neuere Erkenntnisse überholt sind. Dazu muss er zum Beispiel Beipackzettel lesen und die Gebrauchsanweisungen befolgen. Jede Dosierung und Anwendung erfolgt auf eigene Gefahr. Autoren und Verlag müssen alle Schadensersatzansprüche von vornherein ablehnen.
Die Rechtschreibung der deutschen Pflanzennamen ist nicht eindeutig geregelt. Auch jede andere Art der Schreibung ist möglich, die Sie sowohl in Fach- als auch in populärwissenschaftlichen Büchern finden werden.
Gebrauchsnamen, Handelsnamen, Warenbezeichnungen sind in diesem Buch ohne nähere Kennzeichnung in Bezug auf Marken, Gebrauchsmuster oder Patentschutz wiedergegeben. Daraus kann nicht abgeleitet werden, dass diese Namen und Verfahren als frei im Sinne der Gesetzgebung gelten und von jedermann benutzt werden dürfen.

Gedruckt auf chlorfrei gebleichtem Papier

ISBN 978-3-440-11760-6
Redaktion: Carolin Küßner
Gestaltungskonzept: solutioncube GmbH, Reutlingen
Produktion: DOPPELPUNKT, Stuttgart
Printed in Germany / Imprimé en Allemagne